拜德雅
Paideia

罗兰·巴特的友谊

[法] 菲利普·索莱尔斯（Philippe Sollers）著
孔 燕 译

西南师范大学出版社
国家一级出版社 全国百佳图书出版单位

编 按

为了在形式上还原原书（尤其是涉及手稿的“罗兰·巴特写给菲利普·索莱尔斯的信”这部分）样貌，中译本标点符号的使用尽量遵循原书的用法，此外，原书表强调的斜体单词和首字母大写单词，中译本分别处理为楷体和黑体。

- 目 录 -

友谊

1980 年 3 月 26 日，罗兰 · 巴特的离世对我而言如雷轰顶。这是某种持续不断、萦绕不去的东西。巴特对一个词感到害怕，那就是“哀痛”（deuil），因为哀痛令他肝肠寸断——母亲去世了。“哀痛日记”（*Journal de deuil*）是个好标题，但这种东西并不是哀痛。他曾用尽全部的力气将其称作“悲伤”（chagrin）。悲伤与哀痛截然不同，精神分析表明，哀痛可以持续两年。而这种悲伤，我至今仍然感受着，和从前一样强烈。我悲伤，首先是因为这场事故[1]被讳莫如深地掩藏在紧接着的种种传闻里。这本不该是一场致命的事

1　1980 年 2 月 25 日，巴特参加了一场“大人物”的聚会，聚会的组织者是后来的法国总统密特朗。中午用餐后，巴特回返法兰西公学院。他走到学院对面，正要穿越斑马线时，被一辆疾驰而来的小卡车撞倒。——译注（如无特殊说明，本书注释均为译注）

故。我仿佛又看到了弗朗索瓦·华尔[1]，听到他说："没关系，这只是个小事故，他会好起来的，他很好。"这样的遮掩是因为他与下一年接任共和国总统的弗朗索瓦·密特朗共进了午餐吗？"没关系的"！就好像密特朗对巴特下了邪眼之咒（mauvais oeil）一样。后来，我才终于得知，他并不好，非常不好——到了弥留之际，我才最终有时间和茱莉娅·克里斯蒂娃一起握着他的手。他认出了我们，一个劲儿说"谢谢"。我们告诉他我们爱他。这就是结局了。我总是觉得奇怪，我们为什么偏偏找不到巴特关于密特朗的那篇讲话稿，关于这位后来的左翼总统的一篇"神话学"（mythologie）。共和国总统更新换代，可我们却找不到巴特关于这次午餐的记述——他的记述。

1　弗朗索瓦·华尔（François Wahl，1925—2014），曾任 Seuil 出版社编辑。他参与过杂志《原样》（*Tel Quel*）的出版工作，是巴特和索莱尔斯的朋友。华尔是巴特的遗稿托管人，他于 1987 年出版了巴特的随笔集《事件》（*Incidents*）和《巴黎之夜》（*Soirées de Paris*），前者讲述了他与摩洛哥青年的同性恋情，后者记叙了他在巴黎觅寻伴侣所遭遇的困境。此举引起争议。

既然说到了共和国总统，我要提一件事：茱莉娅·克里斯蒂娃被尼古拉·萨科齐授予骑士勋章时，突然，萨科齐说她是罗兰·巴忒（Barthez，原话）的朋友。台下的观众顿时一片哄笑，但很快就安静了。在我看来，萨科齐的口误呈现了法国政治生活持续腐化的现状，我感觉一切可能都要重新开始了。

因此，对巴特的想念，仅是想念他的存在方式、他的人。他会弹钢琴，他随手就可以画出一幅画，他的书写（他蓝色的字迹，他写作的方式，让人赏心悦目），他的声音，他的嗓音，他的语调……有声音的我们身处何处？谁还拥有声音？对我而言，有两个明显的声音：一是即兴创作时的拉康（因为他边说话边思考，说话可以帮助他思考）；二是巴特，他开始写作，最终知道了要写什么，因为他开始写作了。这些都是声音，也就是一种灵感，经由某种气流、某种困难而来的灵感，巴特身上的这种困难来自难以战胜的病魔。我们听到的，是这一切引发的一种非常奇怪的超脱。

巴特赠予我的第一篇文章要追溯到 1965 年，发表于杂志《批评》(*Critique*)，文章是关于《戏剧》(*Drame*)一书的。五十年过去了。如今的文学形势与当时的荒芜境地相比是否有所进步呢？巴特比以往更现实且正确，我要赞美他的政治性（politique），因为这样，他才一直感受到自己存在的基石，即文学能为政治提供一种特别的视角。他年轻时写过一篇很棒的文章，关于柏拉图的《克力同》（*Criton*），我们可以此为证，巴特在这篇文章中想象出了一个不会自杀的苏格拉底——他之后可能会以其他方式离开这个世界，但未必非得自杀，非得服从城邦的法律牺牲自己。1934 年，巴特十九岁，就读于路易大帝中学，他说，就是在那时，他创办了一份文学小杂志——那并不是文学杂志，而是一个“叫 DRAF 的共和国反法西斯防卫小组，我们组建这个小组是为了在哲学课上对抗班里一大半狂妄自大的‘爱国’青年”。而今天，2015年，我们在哪儿？

巴特说：通过文学看政治。文学能够让我们非常公正、准确地评论政治。为什么呢？这就是巴特接下来的全部工作了：如何避免刻板印象、人云亦云？这个世界在撒谎，商品在撒谎。于是，就有了《神话学》（*Mythologies*）（可能要重写一本《神话学》了，因为要让它永不过时；应该要撰写今日的《神话学》了）。1957年，巴特还是个名不见经传的作家，他发表了这本怪诞、冷静、不同凡响又言辞犀利的小书。其目的是保持一定的距离，从而能够更加客观地描写社会喜剧。这种方法与格列佛的旅行并无二致，只不过利立浦特国国民是民间信仰和迷信的囚徒，这样的民间信仰和迷信可能我们也一直都有。我们会以为这一切很遥远，我们经历过那么多转变。然而并非如此。举一个具体的例子来说：布热德主义（poujadisme）[1]。一种持续的、法国特有的怪相仍旧且一直在作祟。除此之外，文学评论、杂志周刊（《她》［*Elle*］、《巴黎竞赛》［*Paris Match*］，等等）、传奇人物和偶像（icônes），各种形式的景观：一切都相互关联，我们发现自己生活在一个自称顺其自然、实则已经被完全规定好了的秩序之中。然而，在巴特的书中，不用过多笔墨；没有强烈的谴责，没有说教，也没有揭露：全部的表现力都在客观的描述里。一个社会，被这样揭露给自己看，莫不是一种耻辱。对这个社会最大的羞辱就是告诉它我们不相信它。因此，巴特一上来就会名声扫地。美好的幻想是骗人的，遍地都是谎言，而巴特是第一

1　法国1950年代的一种民粹主义。其发起人叫皮埃尔·布热德（Pierre Poujade），他曾是一家书店的店主。1953年，布热德联合一些人展开税务抗议活动，并成立了"商店主与手艺人保护联盟"（UDCA）。一般而言，布热德主义体现了经济和社会变革期小型商业经营者的利益和不满，其主旨是保护普罗大众、抵制精英阶层。随着运动的发展，布热德主义在税务抗议之外，还具有了反工业化、反城市化和反美式现代化的特征。而进一步，它变得更为保守，反智和仇外的意味浓厚。

个意识到景观时代（l'ère du Spectacle）来临的人。我们也该意识到这一点。这些文章是开创性的：社会是一种景观，政治也是，所有人都肆无忌惮地用他们听来的话说谎，也就是说，意识形态浸润着一切——要学会反复思考，学会描述——他认为这是一种"黏"（poisse）——多么动听的词语——影响我们，牵绊我们，使得我们放慢速度，使得我们受噪音干扰。"絮语"（babil）——真是个绝妙的发明，巴别塔（la tour de Babel），絮语塔（la tour de Babil）。巴特所在的时代已有聒噪，如今更甚！万分喧嚣！

黏、虚无主义都只是避开真实的一种方法。它们是大剂量的毒品。我很高兴他在一封信中授予我"成瘾性药物"（grande drogue facilitante）的称号。的确，我们的生活截然不同。他很快就发现我很早就开始过一种非常自由、非常不安稳的生活。而他呢，应该这样说，他被某种东西以一种相当可怕的方式纠缠着。

《作品全集》（*Œuvres complètes*），第五卷，第570页，立即就聊一点政治，因为我认为这在当今是很有必要的。那是在1978年，更有意思的是，这是杂志《她》的一个采访。和其他杂志一样，这份杂志在《神话学》中当然也不可避免地受到了讽刺，没准儿在神话学的新系列中还会受到更大的讽刺。阅读这篇关于1978年形势的文章之前——我们会发现当时的形势与今天的并无二致——我们顺便说说《世界报》（*Le Monde*）。众所周知，《世界报》与罗兰·巴特的《论拉辛》（*Sur Racine*）有过一场火热的交锋，为的是捍卫权威人士皮卡尔先生的地位。这就是"皮卡尔事件"（l'affaire Picard），也叫"《论拉辛》事件"（l'affaire *Sur Racine*）。[1] 如果

1　1963年，巴特将自己关于17世纪悲剧作家拉辛的三篇文章《拉辛人》（L'Homme racinien）、《说拉辛》（Dire Racine）和《历史还是文学？》（Histoire ou Littérature?）合为一书，以"论拉辛"为名出版。1960年，巴特在《历史还是文学？》一文中讨论了其他有关拉辛的评论著作，其中也包括皮卡尔（Picard）的博士论文《让·拉辛的创作生涯》（*La Carrière de Jean Racine*）。巴特认为这些批评过分依赖历史考据，热衷于作者的个人活动，而忽略了文本本身的意义，使文学批评变成了个人传记。皮卡尔作为当时研究拉辛的专家，无法接受这样的指责，于是这场论战愈演愈烈。

我们现在重读当时的一手资料，简直会目瞪口呆！这无异于要某人死，要砍下他的头，越快越好，他竟要来扰乱我们原有的习惯……现在可不是1968年，那时大学的骚乱一触即发，大学是如此势不可当，拉辛事件就是证明。那是一场不寻常的动乱。接下来，一场漫长的纸媒大战开始了，惊人地激烈。一场真正的战争即刻打响。而文学呢，就是战争。还会是别的什么吗？如果有的话，请解释给我听。巴特完全意识到了这一点。文学即战争。

1978年，罗兰·巴特这样说："永远无法精确预测未来。但的确，现在的任何阅读都能让我们预计充满恐惧与威胁的明天。同每个国家、每类文明、每种思想里的任何种族主义一样，潜在的反犹主义一直留存在小资产阶级的意识形态里。在法国，反犹主义还没有侥幸得到政治决定的大规模支持。但报纸杂志和交流谈话中仍然有种族主义和仇视犹太人的倾向。这一倾向可能会成为思想上的事实，这就迫使知识分子要高度警惕。他们要发挥积极作用。[……]我认为，面对这些危险，公平(也就是希望)总是在边缘徘徊。”我们也顺便注意到，他将希望作为公平的定义，这令人意想不到，十分有趣。

然而，巴特标志性的东西是个人的战斗意识。巴特比任何人都能独处，比任何人都“不合群”。他有朋友，有圈子，有时还有个能面对面谈心的人，虽然生活模式不尽相同，身体享乐的倾向也不同。而我是唯一一位如此有幸能替巴特发声的异性恋。我当然不是说他没有其他异性恋的朋友，而是我们刚好说到了一种社群主义的大众化，我还是想提到《作家索莱尔斯》(*Sollers écrivain*)的开篇(第五卷，第582页)——写于1979年1月6日，但至今依然十分重要：“[……]作家是孤单的，他被旧阶级和新阶级抛弃。由于他生活在如今这个孤独本身被视为一种错误的社会里，所以他的失败更加惨重。我们接受(这正是我们的神来之笔)特殊主义，却不接受独特性；我们接受类群，却不接受个人。我们成立（巧妙的计策）一些由声音独特的个体组成的唱诗班，他拥有满足要求的声音，或是尖锐的声音，或是无害的声音。但他是绝对孤独的吗？他既不是布列塔尼人，也不是科西嘉人；既不是女人，也不是同性恋；既不是疯子，也不是阿拉伯人；……？他甚至不属于少数人？文学是他的声音［……］。”这已经说得非常明确了！写得很好，无论写什么，他都写得很好。独特性，正是他寻求的东西。

我又回想起我和茱莉娅·克里斯蒂娃站在皮提耶-萨尔佩特里厄尔医院的院子里，我们刚刚与他诀别，悲伤压得我们喘不过气来。茱莉娅被列入黑名单时，罗兰为她写了一篇出色的文章，题为“异邦女”（L'étrangère），由此可以证明他很喜欢她。茱莉娅（此后她成了一名优秀的精神分析学家）跟我说：“到底，他还是去见他的母亲了。”巴特生命最后的悲伤，而没有人能懂他的悲伤！那时，他意识到人类是粗暴的、缺乏想象的。“没错，好吧，行，你的母亲过世了，然后呢？你总不能耿耿于怀三百年吧？”换言之，他的人生出现了一个关于死亡的缺口，很多事情因此而被颠覆。在他回到家与写作终身为伴之前，他与母亲终日相伴。说到这儿，就要提到普鲁斯特了，巴特对普鲁斯特的喜爱姗姗来迟。我们应该读一读塞莱斯特·阿尔巴雷[1]的《普鲁斯特先生》（*Monsieur Proust*），这本书刚刚再版。这个乡下姑娘是普鲁斯特的女佣，一天，她一脸天真地问：“先生，那您为什么一直没结婚呢？”普鲁斯特回答道：“那是因为我本应该找一个能像母亲那样懂我的人为妻。我真该娶了您。”“噢，先生！”这令人动容。

普鲁斯特回来得很晚，要——啊，响了两声铃！——

1 塞莱斯特·阿尔巴雷（Céleste Albaret，1891—1984），其丈夫即后文提及的出租车司机奥迪隆（Odilon）。他们婚后从乡下搬到巴黎。普鲁斯特是奥迪隆的常客。后来，在丈夫的建议下，塞莱斯特成了普鲁斯特的女佣。1973年，由塞莱斯特口述，乔治·贝尔蒙特（Georges Belmont）录音、整理的回忆录《普鲁斯特先生》出版。

给他送早餐，一杯咖啡，但不是随便哪种咖啡都可以！下午六点要把信件交给他，因为有时普鲁斯特先生凌晨两三点才回家。[1]要听着电梯，因为他不带钥匙。出租车司机奥迪隆——也是塞莱斯特的丈夫，他们育有一女——在等他。普鲁斯特要么去丽兹酒店吃晚餐，或者要去检查外衣的细节，打听一些秘密。要么就是去男性妓院。我认为《哀痛日记》中母亲的故事是唯一的见证，这是除了普鲁斯特以外最扣人心弦的记述。巴特的魂灵是这样的：我唯一的依靠刚刚离开人世，我要开始——《新生》（*La vita nueva*），等等。我们在此处奇怪地提到了但丁和这种建立在忧伤之上的"新生"。从某种意义上说，杂志《巴黎之夜》（*Les Soirées de Paris*）甚至非常有趣。我不确定该不该出版

1　普鲁斯特是个典型的夜猫子，他睡到下午三四点，有时甚至要到下午六点才起床。然后他会按铃让塞莱斯特送上咖啡和羊角面包。这对普鲁斯特是一个宛如仪式般的环节：塞莱斯特奉上银质的咖啡壶，里面是刚煮好的热气腾腾的黑咖啡，咖啡壶边的陶瓷杯里倒着刚煮好的新鲜牛奶。在喝过咖啡后，他开始拆看放在银质盘子里的信件。

《偶遇琐记》（*Incidents*），不过，好吧，这是出版社的决定……我在中国也同样看到过：感觉他真的迷失了……应该寻求慰藉。在我看来，没有什么比需要性欲的慰藉更令人疲惫的了。宁可很早就开始，也不要成为性欲狂——还是这样叫比较好——这样只会让人越来越失望。花神咖啡馆，纪德，或这或那，小白脸，唠唠叨叨，叽叽喳喳……药店。如你们所知，相当忧伤的性交易……为什么不呢？同样，很早就成为性交易专家也更好——就像我，是在二十岁时，因为我在巴塞罗那的阿维农街“毕业”了，这条街因毕加索而出名。

因此，巴特终其一生都面临对于大恶心（grand dégoût）的恐惧。他错了，错在没有意识到自己所做的是多么重要。他又对了，对在没有把这当一回事，想重新开始。但死亡一直盯着他。因此我觉得这是如此令人心痛。我不知道他是否确信自己是一位伟大的作家，拥有出色的作品。因为，一方面，可能没有人和他谈论这些——也没有人真的读懂他的作品——更不要说懂他的悲伤了，所以当他谈到“作家的孤独”，感谢他，因为这关系到我，不过我呢，我发起了战争，那就完全不一样了。再说，他接受了我这样的性格，这样的拍子。“对，索莱尔斯，总之他很夸张，还有毛主义这一切，啊，讨厌！”我们本该闹上十次别扭！然而，完全没有。我觉得他喜欢结识“介入”的人，不要忘了萨特因《想象》（*L'Imaginaire*）一书又出现在他最后的生命里。

显然，我们完成的事情与现代格格不入，因为我们还有其他事要做：在形而上学的层面走向文学，比如思想，比如致敬——众所周知，巴特最后一篇文章是写司汤达的。又或者，1978 年 8 月 28 日，他引用了夏多布里昂的话：“在民主上热爱平等的法国人”。今日还有平等吗？他还说了这句惊人的话：“在我看来，离他们最远、与我的悲伤最为对立的就是：读《世界报》，读它犀利尖刻、消息灵通的手法。”这叫学会写作。

他的经历独一无二，他把语言变成他的主题、他的梦、他的视域。他会渐渐发现这种独一无二的经历与一本小说有关——为什么不呢——一种新生，或者至少是他自己的幻觉。《新生》，他写给我的文章，从开头起就是但丁，俄耳甫斯神话简直不能更吸引他了，巴特以一种非常惊人的方式把俄耳甫斯神话和我的名字联系在一起。俄耳甫斯教。俄耳甫斯具有争议性，但他能让石头滚动，他能改变自然，等等。所以，有了但丁，有了俄耳甫斯，就有了神话学基础：巴特是个博览群书的人。他什么都读过。晚饭还没吃完，他就翻开杂志《巴黎之夜》，他回到家，读夏多布里昂。《米什莱》（*Michelet*）是本好书，他要再读一遍。《论拉辛》一书，受到多么热烈的欢迎！为什么？他说：“为什么多重意义使得关于书的言语岌岌可危？再问一次，今天为什么会这样呢？”而相较于这个“今天”的今天呢？情况总是相同的，或者说其实更糟了！找几个真正会读书的人给我看看，我会非常震惊。

关于但丁，还有归尔甫派（guelfes）和吉伯林派（gibelins）的敌对……我是归尔甫派白党（guelfe blanc），一个人数稀少的天主教派——轻而易举——巴特作为新教徒，一生都能包容我。此外，关于这点，有一个小小的转折。这里要提到《明室》（*La Chambre claire*）：巴特一直重复摄影的“刺点”（punctum）。当时曝光了一张照片，照片上，让-保罗二世在罗马圣皮埃尔广场为我赐福。这张照片的“刺点”并不是2000年我和让-保罗二世教皇在一起，而很简单，是我给了他一本书。巴特有可能见过这本书，此外没有任何人看到过。这是我才出版不久的一本书，关于但丁的《神曲》，因为这本书，我得到了来自教廷的赐福。不会有人敢比我还要归尔甫派白党。但丁是归尔甫派白党，他也因此被流放。[1]

你们看这篇题为“西南之光”（La Lumière du Sud-Ouest）的文章，这篇文章写得很美。西南指巴约讷，指阿杜尔河，总之，我是波尔多来的……显然，波尔多比巴约讷重要多了，但好吧……就像当时的罗马，远比巴黎有趣。因为蒙田移居罗马，想看看拉丁语和希腊语的经典之作是否还完好地保存在那里。格里高利十三世将这些典籍存放在罗马，就是这位至高无上的教皇创立了你们现在使用的日历，你们要按他所说的标记日期，就是这样！吉伯林派，意味着不是天主教，仅此而已。没有人是完美的！因为，这一点从基督教的原罪开始就贯穿了整个西方史，横跨了整个世界，

1 1300 年 6 月，但丁被任命为佛罗伦萨共和国六名执政官之一（任期两个月），负责调解归尔甫派内部的黑、白党之争。尽管他属于白党，但为了维护佛罗伦萨共和政权，仍谴责黑白党之争，秉公把带头闹事的两党领导人驱逐出境，挫败教皇干涉佛罗伦萨内政的阴谋。1302 年 1 月，代表罗马教廷利益的黑党夺取佛罗伦萨政权，宣布但丁犯有巧取豪夺、非法获利和反对宗教罪，判处两年流放，剥夺公权终身，后改判终身流放。

我在此不作赘述。实际上，这是温和的雅各宾派的主题。巴特并不是狂热的教徒，证据就是我们这份跨越归尔甫派和吉伯林派的友谊。说真的，我们几乎没有谈过这些问题。

巴特的性格非常温和，像琴声一般温和。但请注意，这不是出于节制。他身上有一种真正的暴力，再说一遍，一种政治暴力。

巴特的暴力表现过很多次。首先，当他捍卫莫里哀《唐璜》（*Dom Juan*）中的代表人物维拉尔时，他赞美了无神论，他实际上也是无神论者。到底有没有神？他有篇文章抨击萨卡·圭特瑞（Sacha Guitry）的《凡尔赛宫艳史》（*Versailles*），说这部作品绝对是个奇迹，堕落的奇迹！他关于戏剧的所有文本都总是咄咄逼人。“一点儿价值都没有”，等等。好吧，应该办份杂志！我们是这样想的。在当时，对他而言，这需要冒险。这一点儿也不难，对福柯而言不难，对拉康而言不难，对德里达而言不难，对任何人而言都不难！

《论拉辛》作为“活石”（Pierres vives）丛书的一种推出，在我们质疑拉辛的时候，索邦大学突然清醒并发现有潜藏的恐怖分子正要把拉辛摧毁给我们看。这时，Seuil 出版社暂且搁置了这本书的出版。那么，巴特对《论拉辛》引发的这一切作何感想？他怎么看待自己成了众矢之的？他多么需要找到一位编辑！这个编辑，就是我。为什么？因为我就在他身边，我们可以说个不停，没完没了，在福斯塔夫酒吧，吃晚饭，谈论文学。他也感觉到了，他需要一位读者，因此需要一位编辑。而我，我一点儿也不在乎，我要自己出版这本书，很久之前我就明白了，如果我不自行出版，它可能就永远出版不了。总的来说，这就像是媒体，需要抓准战略时机，或者说利用战略时机，为了能让人们读到，冒着因此身败名裂的风险：无论如何，可能不会被读了，那为什么要放弃？“在此期间”，就像默片里说的，佐罗在别的地方！在此期间！我们可以同时拥有很多身份。这对我而言轻而易举，我的性格可以融入这种多重性。但对巴特来说很难……法兰西公学院，巴特半信半疑，又……还是不信。注意了，从中国回来后，他仅以一票领先而被选入学院任教，等等。但这是关于社会生活的一大成功。法国是一个重视学校的国家，不要忘了这一点。

巴特通过《论拉辛》获得了期盼已久的成功，不用多说！他有点像厚皮动物，但也非常敏感。接着，他决定用《批评与真实》（*Critique et Vérité*）回击。有些时候是该这么做。举个例子，1969 年的拉康，他被巴黎高等师范学院炒鱿鱼，而 CRS[1] 全副武装。他对我说："你好，索莱尔斯。"我说："你好，你好。"他很喜欢我。几个左翼分子，闯入了校长弗拉塞列雷（Flacelière）的办公室。我一直保存着那天偷拿的信纸，信纸抬头印着高等师范学院。没有任何人支持我们。

1 共和国保安队，即法国的防暴警察部队。

我拿着拉康的手提箱，和他一起给各种地方打电话争取支持。然而一无所获。《世界报》（又是《世界报》）的艾斯克菲尔 - 朗比约特（Escoffier-Lambiotte）女士断然拒绝。我们打了很多通电话。徒劳无功。还是需要一篇文章，一样东西。我们并没有因此招来警察——他们为一点儿有的没的事儿聚集起来，是啊，1968 年刚过去不久。突然，拉康说："我们去看看弗朗索瓦丝 · 吉鲁（Françoise Giroud）。"我压根不知道，这样一个对她而言关键的时期，她竟能悠闲地坐在长沙发上。我们到了。她是个非常迷人的女人，穿着开放，袒胸露肩。她在《快报》（*L'Express*）的餐厅接待了我们，拉康向她施展了自己的魅力。接下来一周，一篇关于拉康的文章发表了。这可不就是战争吗？我万万没想到我们会取得一家对此深恶痛绝的报社的支持，这家报社的里纳尔迪（Rinaldi）等人一直在唾弃法国的知识分子们。顽固而疯狂的蒙昧主义持续了许多年，后来呢，当然就是法兰西公学院了。

多愁善感的让·凯罗尔（Jean Cayrol）成了我们阵营的一员，Seuil出版社将他视为自己的心腹。联想到“青年法兰西”（Jeune France）团体，这一切，《世界报》，尤利亚日小镇……啊，就是那儿。《精神》（*Esprit*）杂志，可怕的多梅纳克（Domenach）戴着贝雷帽，不，注意了，我们不谈这些。我们要和罗兰一起付之一笑。这不是他的属性，他不是右派，不是左派，也不算是天主教左派！而且我不确定他会这般民主。尼采曾徘徊不决。而在我看来，正是因此才有了政治性的、颠覆性的趣味。问他是否颠覆，他说是，也不是，但其实是。这让他感到折磨。归根到底，他是无政府主义者。

继续说《批评与真实》。这本书被大肆讨论。巴特受够了非议。要重读辱骂，要再现辱骂。这本书作为小小的补充，值得一试。因为，语气完全是呼吁谋杀："我们要砍了他的脑袋！"好几次让人想到断头台。

我坚定地认为我们从来没有好好分析过法国的法西斯主义，一切都在一步步证明，它可能比我们想象的还要致命。因此在抗议活动中我写了句标语："法国发霉了"（La France moisie）。这句话就像莫洛托夫鸡尾酒[1]一样，炸开了锅。我一辈子只写了这三页。整整十五年了。上了《世界报》的头条。第二天，我遭受了怎样的攻击！

在"原样"（Tel Quel）丛书里，巴特出版的第一本书就是《批评与真实》。他在寻找战场。因为独自作战固然壮烈，但可能会受到诸多限制，比如，好些个伟大的将军为了能够前进而都不得不自杀，这就可以证明这一点。又或者，孤军奋战也会最终通向悲情。他在寻找一个便于战斗的地方。当然，他并不总是赞同我们！不过最终，丛书里所有书都定了名字，"萨德，傅立叶，罗犹拉"（*Sade, Fourier, Loyola*）是最好的之一。

---

1 cocktail Molotow，土制燃烧弹的别称。

我第一次见到巴特，是他来听蓬热（Ponge）的讲话，蓬热是我的好友。我猜想，他来是为了听蓬热聊语言。也可能他想到了萨特《情境种种》（*Situations*）中一篇关于蓬热的文章。那时我们几乎没什么往来。接着，我们很快再次见面了，还说了话，等等。过程其实非常简单。随便说点就足够了……他懂得观察。这一点通过他的笔记就能看出。笔记有对人们的行为举止、真假参半的话、品位的缺乏、不止于表面的粗鲁等的观察。

当然，我之前就读过他的作品，《神话学》、《写作的零度》（*Le Degré zéro de l'écriture*），我非常喜欢他写的东西。他对皮埃尔神甫的刻画非常了不起。当时所有的神话的怪癖都被一一找出。每天都要重找一遍，不过最终，你们有没有意识到这要覆盖的范围有多大？多少个电视台、电台，等等。多得爆炸！这个时代的一切都被书写，应该看到，这个时代里存有的东西太少，权力场屈指可数。这里有，比如，法国共产党，安德烈·斯蒂尔（André Stil）写小说的方式，具突破性的女权主义报纸（因为有广告，有钱），等等。这里还有时尚。所有这些地方，他都很好地找了出来。

我坚持认为，这是巴特的马克思主义时期，因为今天，马克思有点像是从来不曾存在过。罗兰·巴特不是研究马克思的专家，他读过一些文章……他对阶级斗争有着深切感受。法国如果不是个充满阶级斗争的国家，那它是什么？人们应该再读一读马克思的《法兰西阶级斗争》（*La Lutte de class en France*），这本书具有现实意义。巴特立刻发现，我们后来说的中产阶级，即他口中的小资产阶级，非常危险。为什么？因为它最终支持的还是法西斯主义。“语言就是法西斯主义”（La langue est fasciste）的宣言引起了轰动，但对此，我们应该好好看看巴特想说的到底是什么。他想说的是，人在说话时是潜在的法西斯主义者。这个说法没人会接受！然而，这绝对是可以感知的。可以感知，可以证实。巴特对此感到害怕，因此他追求极致的沉默、超脱：禅。禅是一种空想，非常“语言的”，或者说，禅意的、转瞬即逝的、闪现的。日本，亚洲。为了理解禅，应该手握中国或日本的卷轴，从上到下、自右向左读。比如，一首美妙的诗。只不过书写时不能有任何涂改。这让罗兰十分感兴趣。如果你写错了，没有办法，必须扔掉重写。

* * *

巴特的生平和作品中的一个大事件就是 1970 年的《符号帝国》（*L'Empire des signes*），日本。我们在中国的时候差点儿闹矛盾，因为他急于回到日本，而我呢，我感兴趣的是中国，不过好吧，我们没有因此而生对方的气。“符号帝国”，这个标题与他完美相符。意义的帝国，就是符号的帝国。观察、感受、思考、猜测的方式与举止、行为、辨认的方式并无不同。这可能是他最好的书。他在书中大谈文乐木偶戏[1]，也就是说，他以这种方式成功地把自身经历搬上戏剧舞台。千万不要忘了，巴特曾非常喜欢布莱希特。很早的时候，间离效果（distanciation）对他来说就是非常重要的东西：我看到了一些东西，但我看到了一种间隔。这是《戏剧》一书中他喜欢的东西。他看到有人突然把语言作为主题——这是禁忌——并且不是装作写作（因为这就是电影啊！），而是对自己正在写、正在把所写的东西说出来的行为加以思考。就是这样。那么它是如何作为感觉经验的呢？又是如何改变生活的呢？因此，文乐木偶戏是格外重要的，还有俳句也自然打开了他永不休止的疑问。应该说是俳句和禅宗。中文是“禅”，中文更为古老。观众和舞台之间的颠覆。演出以此呈现的颠覆。你们明白人们想要真实性，也就是巴特不停唾弃的东西，简单地说，就是他多次用到的词：歇

1　文乐木偶戏是日本最主要的传统舞台艺术形式之一，集说唱、乐器伴奏和木偶剧于一体。

斯底里。没有谁比巴特更有力、更确信、更猛烈地对歇斯底里加以谴责了。想象一下杜拉斯的百年诞辰他可能会写些什么！杜拉斯最拿手歇斯底里了……威胁性的手势，政治、社会的威胁持续不断。都不用给你们举 20 世纪的例子了。这就是歇斯底里。是黏，但尤其是歇斯底里，自始至终。而与此相反的是超脱、非占有欲。“通过文乐木偶戏，戏剧之源暴露在其虚空中。从舞台被驱逐的是歇斯底里，也就是戏剧本身[……]”（《符号帝国》，第 85 页）。俳句也能跟他对话，虽寥寥几词，却蕴意颇丰。简洁。可以言浅意深。其实，如果我们学会听、说，去体会、感受、触摸，那么法语就是为俳句而创造的。法语本就简洁。《符号帝国》中引用了松尾芭蕉的这三句诗：

他实在令人钦佩
当他看到一道闪电
并不觉得“人生迅忽”！

我没有什么可补充的了。其义自现。虚空、闪光、倏忽、简洁、顺序和冥想。“当你走路的时候，就只管走路；当你坐着的时候，就只管静坐，最重要的是，心无杂念。”巴特曾一直沿着这个方向追寻。这就是他打算称为“中性”（neutre）的东西，也就是“非占有欲”（non-vouloir-saisir）。非占有欲很重要，来自他悲剧的爱情经历，但同时也给了他快感，刻骨铭心的体验……

对，不该想占有！占有欲：捕食，控制，别人应该受我控制。他一直在我的控制之下，因为我想要他来或者不来，诸如此类。多少次失望将巴特一点点裹挟——在他人生的最后几年我已目睹此景——大恶心近在咫尺，尽管他读尼采，但是倾其一生能成为尼采的人没几个！他怕走向大恶心，先是极大的倦怠，然后就是极大的恶心。我听过多次巴特抱怨他讨厌要求，讨厌絮语，讨厌喋喋不休，讨厌要做的事。总是要重复讲座、作序，重复在法兰西公学院上课。多么讨厌！然后就是不停的要求、要求、要求……这就是“大恶心”。时代，对他而言是什么？“是迷失者的骄傲”。这真是绝妙的发现。不是只有迷失者无知，制造噪音，以为自己什么都了解，没有一丁点儿疑问——他们知道一切，为什么要提出一个真正的问题呢？不，从无疑问，从不提问。我们可以用出其不意的方式回答一个问题，这很有趣。耶稣会士说：应该总是用另一个问题回答一个问题！“为什么，我向你提出问题的时候，你总是用另一个问题回答我的问题？——那你为什么问我这个问题？”这就是诡辩。关于诡辩，巴尔塔莎·格拉西安（Baltasar Gracián）给出了出色的证明。所以，那时就已经有了迷失者的骄傲。不止一种骄傲。迷失者了解一切，见多识广，没有必要再去了解什么了。如今我要换个表达：问人最有趣的问题只有一个，那就是问他不想知道什么。因此，要倾听。我最终不会像拉康一样，三十秒的絮语过后将来看我的人拒之门外，我会阴险地建议他们试试精神分析法。

拉康也是在一种深深的慌乱、不满和失落感中了却此生的。但是，他们不想知道什么？这从何而来？好吧，是爱。巴特追寻爱，也就是说，爱是种显得越来越不可能的东西。没有人强迫我们追寻爱，也没有人强迫我们渴望爱！要么该很早就体验到爱，要么就该永远都体验不到。爱不会在某个时刻突然被发现。而是很早，童年时期。巴特，他经历过天堂，和母亲在一起的天堂。这就是令他肝肠寸断的哀痛的全部，然而他不想将其称为悲伤。

巴特对布朗肖大为欣赏。不能说他们很像，因为，说得委婉一些，布朗肖的论断——文学只能走向自身的消失——并不是朝着愉悦的方向。“死亡，死亡永远在重新开始！ / 多好的酬劳啊，经过了一番深思 /

终得以放眼远眺荒墓。”[1] 当然，我怀着极大的兴趣读了布朗肖，不只是《未来之书》（*Le Livre à venir*）。还有马拉美，还有萨德和洛特雷阿蒙。红衣大主教布朗肖有他们每个人的影子！巴特约我一起在咖啡厅见布朗肖，因为说到底，这就是战争。不用多说，权力关系对布朗肖十分有利，但是我们仍然可以打精彩的游击战。我不得不说，对于这次见面我保留的记忆非常奇怪：我们一见面就互相看不顺眼，他讨厌我，我也不喜欢他。

当时布朗肖准备和马斯柯洛（Mascolo）、维托里尼（Vittorini）等人一起创办《国际评论》（*La Revue internationale*）。

还有一次，我在杜拉斯家又见到了布朗肖。当时正值六日战争[2]，也就是 1967 年。在圣伯努瓦街。大

---

1 此处戏仿的是保罗·瓦莱里《海滨墓园》中的诗句：“大海，大海永远在重新开始！/ 多好的酬劳啊，经过了一番深思 / 终得以放眼远眺神明的宁静。”

2 以色列方面对第三次中东战争的叫法。

家在杜拉斯家集聚，说是要签署一份声明，由此宣称我们坚决拒绝参与一切戴高乐主义媒体的行贿企图。这让我起疑，或者说，我们现在换个更好的说法：内有蹊跷。这又将我们带回了政治的问题。战争并不是在我们放下武器的时候，也不是在我们待在家的时候，不是！战争不是我们拒绝战斗。因为我们的影响与日俱增，等等。明天将是新的一天……不。问题在于戴高乐。1958 年，戴高乐。布朗肖已经抨击过了。别忘了是我最先出版了杰弗里·梅尔曼（Jeffrey Mehlman）关于布朗肖始于战前的极右写作的书，这相当于是在大教堂开枪。我成了刻不容缓要被打倒的人。我这个矮小的索莱尔斯怎么胆敢批评高高在上的红衣大主教布朗肖！这件事影响恶劣。我的罪状可是厚厚一叠啊。不该破坏他的坏名声。我可得留心了。在杜拉斯家，我最终没有接受倡议。对这些正直的人而言，戴高乐就是个法西斯主义者。他们或多或少都站在这个阵线上。你们可以看看德波[1]的信，他认为戴高乐是法西斯主义者。法西斯主义就在我们的家门口。我见过唯一认为这很荒谬的人，就是乔治·巴塔耶。巴塔耶说话很温和。我举个具体的例子："对于一个天主教将军，我认为他没有那么差。不过，当然没有人能比布朗肖更明智了。"这里有一种讽刺的腔调。

在所有我认识的作家和思想家中，巴塔耶显然是我最喜欢的一位。他走进《原样》办公室，坐下来，什么都没说，或者没说几句——"中学的时候，大家叫我'野兽'"——那一刻真是奇妙。他很冷静，又内心火热。

后来，巴特写给我这本薄薄的书，《作家索莱尔

1 居伊·德波（Guy Debord，1931—1994），法国思想家、导演，字母主义国际（Internationale lettriste，1952—1957）和情境主义国际（Internationale situationniste，1957—1972）的创始成员。他概念化了"景观"（spectacle）这一社会政治观念，并在他最著名的作品《景观社会》（*La Société du spectacle*，1967）中将其深化。

斯》。第一篇文章写的就是《戏剧》，我把《戏剧》看作自己第一部真正意义上重要的书。非常令人惊喜的是，这本书多么需要这样一篇文章。当时我写的书触动了一些思想家：德里达写了《播撒》（*La Dissémination*），这本书被翻译到全世界，在大学里被研究，然而它的参考文本却没有这样的待遇。因为没有英译本，作品也就不存在了！巴特的文章十分重要，书中在我看来是关键的一些点在他的文章里都能找到。这是他最为抽象的文章之一，他非常用心地读了《戏剧》。他在文章出版成册的时候把书还给了我，页脚密密麻麻的笔记令人印象深刻。

“因此，词语和事物在它们之间无障碍地循环往复，就像同一话语的各个单位，同一物质的微粒那样。这一点与一个古老的神话相距不远：从描绘的文字到大地本身，世界的神话就像是书。”以及，“没有什么比建立文学上的规则更能带来抗力了（我们想起德勒克吕兹［Delécluze］面对但丁的《新生》时所表现出的不信任）；这些规则似乎应该不惜一切代价保留其潜意识状态，完全就像语言的规则那样；没有任何通常的作品是在言语活动之上的言语活动（除了某些传统的接替）。”

巴特明白，规模、范围在这里是形而上的，因此从历史观点来看非常之广，我们不仅出生于“二战”时期，还可以与但丁一同在14世纪出生。当时我对但丁很感兴趣，才写过的一篇文章就是关于但丁的。别忘了此后被视为参考译文的法译本是杰奎琳·里塞（Jacqueline Risset）翻译的。杰奎琳·里塞后来也成了“原样”团体的一员。她是个古怪的先锋，对但丁深感兴趣。

巴特也写过关于我的书《H》（*H*）的文章：“不慷慨就不可能写作一本如此充满独特风格——复数的风格——的书，不慷慨是尼采的价值。”尼采，经常出现。巴特总是引用尼采。

文章的题目是“蔑视”（Par-dessus l'épaule）。他说，批评要有感情，不是吗？

巴特让我感激不尽的事情之一——也是关于《H》的——是他意识到要去听书，意识到我重新发明了雄辩术和一种口头传统。

决定性的不同：作家（écrivain）与写者（écrivant）。写者有很多，但是作家凤毛麟角。“有一种可靠的方式能够区分不及物写作（écrivance）和及物写作（écriture）：不及物写作时刻准备着被缩写，而及物写作不能。《H》对‘缩写’的想法带有很明显的反感。躲过缩写，躲过保留和分类，这恰是《H》一书文本结构功能的一种。《H》能被国家图书馆收存吗？为此，我很想知道国家图书馆的分类标签。”这就是我怎样给大学留下了坏名声。

此外，在我饱受攻击之时，他也写到了我：“不管我们是他的朋友还是敌人，他都让我们活着。”

接着，巴特在法兰西公学院举办了这次令人印象深刻的关于“波动”的演讲。那是1978年，对巴特而言，**波动**（Oscillation）与**犹豫**（Hésitation）是不同的。犹豫，是纪德，或者，不如说，是“接连的真诚”。

“知识界强烈抵制**波动**，却特别认可**犹豫**。比如，纪德式**犹豫**得到宽容，因为意象稳定。我们可以说，纪德制造稳定的运动意象。索莱尔斯则相反，他想阻止意象扎根。”1978年，当一切都即将成为意象时，我们会不会意识到这个判断是明智的？“索莱尔斯则相反，他想阻止意象扎根。总之，一切都出现于意象层面，而非内容和观点层面：社会群体一直想保全的就是意象（无论它是哪种意象）。”“因为意象是其生命食粮，而且，这愈演愈烈：现代社会不再像从前一样用信仰来养活自己，而是用意象。索莱尔斯引起公愤，因为他抨击意象，他似乎想提前阻止任何意象的形成和稳定。他拒绝最终可能的意象：那个在找到其真正的道路之前，尝试不同方向的人的意象（行进和入门的高尚神话：‘多少漂泊流浪后，我的眼睛睁开了’）：就像有人说的那样，他变得‘站不住脚’（indéfendable）。”我很喜欢“站不住脚”这个说法，就像萨特说过的“无可救药”（irrécupérable）一样。因此，前所未有的新战役打响了——你意识到我们的处境了吧——事实上，新的战役将以意象对抗意象，等等。对我来说没有那么难应付，因为所有人肯定都会跟你们说我是一个“炒作的无耻之徒”。我应该动员敌人。该他们出力了！他们也的确这么做了，这还挺奇怪的。因此，我当时的判断是非常正确的。

所有人都说是我拿枪逼他写了《作家索莱尔斯》。他把在法兰西公学院关于波动的讲稿寄给我，写信说“记得还给我”，“记得还给我，我要再改一下……”。这让我非常感动。我跟他说：“听我说，这可以做成一本小册子。”“好啊，对，对……”他有点儿心不在焉，但最终他找到了题目：作家索莱尔斯。

书出版后造成了非常不好的影响。它是对高校、研究所的一纸挑战书。我立马感受到了周围人疯狂的嫉妒。就好像是我把巴特软禁起来让他写这本书似的。一切在《女人们》（*Femmes*）一书出版后变本加厉，因为《女人们》居然成了畅销书！ 1982年夏末我完成了这部小说。我立即感觉到Seuil出版社认为这真的行不通。但他们还是签了一份协议，六十几页，交由当地的宗教裁判所过目。这根本行不通！

因此，我立即决定，我要回去——我在车上一直回顾这份手稿，还是厚厚一叠，就在我身边放着——当时我想我要带着我的手稿从Seuil出版社辞职。最好笑的是，他们并不相信我会这么做。判断失误！不得不说我很擅长这种事——没有人知道我在1968年街垒之夜后就认识了安托万·伽利玛（Antoine Gallimard）[1]；所有人都以为我会去Grasset出版社，

1 Gallimard出版社创始人加斯东·伽利玛（Gaston Gallimard）的孙子。

完全错了！接下来，所有人都以为我是因为弗朗索瓦丝·维尔尼（Françoise Verny）来了 Gallimard 出版社，大错特错。我开始在 Denoël 出版社[1]做一些清除油污的杂活，因为不是所有人都确信我不是个“瘟神”，就这样，我来到了 Gallimard 出版社，带着《女人们》！

事情令人惊讶，因为首当其冲的是书中的男性：巴特、拉康、阿尔都塞——并不是每天都有一位哲学家掐死他的妻子[2]——而没有一个问题是关于女人们的。出乎意料！我本来以为女人们、女性读者们会生气，但完全不是这样。生气的是男人们。

《恋人絮语》（*Fragments d'un discours amoureux*）、《女人们》……巴特对此怎么看呢？他肯定觉得好吧。自由……

《作家索莱尔斯》的开篇文章于 1970 年代末在《新

1 Denoël 出版社创建于 1930 年，1946 年被 Gallimard 出版社收购。

2 1980 年 11 月 16 日，阿尔都塞掐死了妻子埃莱娜。

观察家》（*Le Nouvel Observateur*）发表，他试图重新投入一点《神话学》的构想……但是并没有成功：在某个特定的时刻，他中断了，这让他承认了自己的失败。他停下了。他感觉到应该停下来了。他已无心再参与社会纷争。他对此不再关心了。这段探索只持续了大约六个月……他兴味索然。这不是能让他兴奋的源泉。

当时，我对他的这次尝试相当怀疑，我当然很高兴他能为我说好话，不过总的来看，并不是这么一回事。

* * *

我们是怎么成为朋友的？如何结下如此独特的、胜似爱情的友谊？太难得了。我不是个能随便欣赏他人的人，而我欣赏巴特。他对我也是真的欣赏。发生了什么呢？你接受另一个人的一种极为坚决的心路历程，对此感同身受。你可以去接近它，有时可以影响它，几乎无法让它偏离，但你感觉这个人在前进。默契一下子就形成了——或者不是一下子就形成！——在独特与另一个独特之间。我们可能还是会出于一些客观原因而生对方的气。比如中国，或者当我要花招的时候。但其实，他什么都原谅我，这就是友谊。渐渐地，令我印象深刻的是，他的身上有一种很强的韧性，这种韧性只有在事后才会显露。他这样做，接着继续这样做，再然后还这样做……但因为他有一种风格，这种风格在我看来是更为持久的东西，是能够忍耐。我们可以将这一切都解读为韧性。有一些可轻可重的事情，还有些我们可以忽略的工作，但好吧，也没那么多！所有事都得以善终。为此，要以严格的纪律约束自己：顺序、书写、回忆——回忆的艺术。还有光线。启蒙哲学家，所有人都能背出一串名字，简直是小菜一碟。但启蒙哲学家也是冒险家。伏尔泰、狄德罗、卢梭，等等，出乎所有人意料的冒险家。就像伏尔泰不停说的，“一小群信徒”。特别是，没有殉道者！

每个月我们都要在蒙帕纳斯共进一次晚餐。谈笑风生，然后他点一支雪茄，接着忧郁地在街上渐渐走远。这一次次面对面的晚餐是一桩乐事，因为，毫无疑问，巴特非常聪明。见到如此聪明的人，已经是很难得了！

1960 年代初，巴特来到《原样》的时候，他的兴趣从为杂志撰稿转到写书。新小说的结束也差不多是在这个时期。“新小说”，这儿也是新的，那儿也是新的……开玩笑！现代对抗经典？不！经典就是现代……罗兰对此深有感触……他的所有决心和信仰都与此相关。它让他满意。他不仅相信它，还想超越“可信”地相信它，想这样生活。我们很想知道如何能完成一部新的《百科全书》，他从那一刻起就感到了这件事的必要性。知识不见了，要重新编写《百科全书》。

就是从这时起，他对普鲁斯特产生了极大的兴趣，还有夏多布里昂、司汤达或巴尔扎克。他为《朗塞传》（*Vie de Rancé*）写的序言受到了好评，《S/Z》（*S/Z*）

是一个重要的文本。我读他写的东西，和他讨论，我写信给他，我相信他为此感到高兴。而且我的评论一直是积极的。那时，他开始明白图书馆的藏书处于险境，开始明白死去的人正处在危险之中。令人惊讶的是死去的人比活着的人更像是活着的，这一现象将会在摧毁性的劫掠中加剧。我们同时意识到了这一点，由此我确定了以后要走的路。实际上，我要继续一些我们早就决定好的事情：编写《百科全书》。那时起就完全是另一回事了，是整个图书馆的交响乐。那时，夏多布里昂、拉布吕耶尔（Bruyère）、萨德、巴尔扎克、巴塔耶都不在人世了。“啊，的确该重新编写《百科全书》，越来越多的人一无所知！——越来越多的人不读书，你觉得呢？他们已经不读书了吗？”

我在《品位之战》（*La Guerrre du goût*）和其他几本书中已经详细叙述了重新编写《百科全书》的计划，这个主意多亏了巴特，对，这是一场战争。他谈论《百科全书》插图的文章让人啧啧称奇。巴特有着启蒙哲学家的精神。他是我所遇到的最反蒙昧主义的知识分子或作家。

我们的通信很多。他一离开,去乌尔或者其他地方,就会写信给我。在巴黎也会。为了跟我约时间见面,或是问电话号码……又或者为了引用尼采或其他人的什么话。总是满含热情。这些信是我们的友谊之信。像俳句里说的那样,是此:独特。追求独特。是此——这个词选得很到位——非彼。总之,这让我想起了蒙田谈到拉博埃蒂时的一句名言:“因为是他,因为是我。”

收到《恋人絮语》的手稿令我惊喜,因为他放下了一些东西。事实上,我认为这本书缺一点否定性。我一定要写信告诉他。恨比爱久远。他的书依旧浪漫。我俩都读萨德,但读的方式不同。

《恋人絮语》是一部小说。他一直都想写小说。他做到了!“永恒的作家”(Écrivains de toujours)系列里还有一本很好的书:《罗兰·巴特论罗兰·巴特》

（*Roland Barthes par Roland Barthes*）。我常常读了又读，看看他喜欢什么，不喜欢什么，等等。这本书里的照片最多，有些照片拍得相当好，比如一张叫“左撇子”的，照片上他用左手点烟。或者其他的：《妈妈在》、《海滩》、《青春》，等等。那是他记忆里一段美好而快乐的时光。他将在《明室》一书中重提那段时光，不过是以一种较为阴郁的方式。而这是一本阳光的书。顾名思义，这也是一本颠覆性的书，因为推出这个系列可不是想让在世的作家把自己奉为经典。

他离世后，我是如此悲伤。什么都说不出，什么都写不出。我因悲伤而麻痹。来电话了：“巴特去世了，您有什么要说的？”就是在那时起，我沉默了。我没有去他的葬礼。

2014 年

R. B.

“最强的违禁，就是对语言的违禁。”[1]

R. B. 的作品让人印象最为深刻的是他的策略。以一种不夸张的、稳步的、锋利的、持续的方式为唤醒理性而战斗，为对抗他长时间来一直感受到的同一种恶心而战斗：黏（l’empoissement）、油腻（le graisseux）、差不多（l’à-peu-près）、“不干预、不冷漠”（le « ni-ni »）、排中律、刻板印象、代用语、夸张、轻浮、回避批评。回避就是否认：它是机械性评价的基础，陈述相关主体的语言未经思考而迂回，主

1 引自巴特的《萨德，傅立叶，罗犹拉》一书。

体自然就与限制其自身的反射紧密衔接。R. B. 则相反，他暴露自己：准时的、不经意的优雅。他按时到达，能够很快转换负担，又很快就烦恼，从来不会表现得太过高兴，他记起来了。他跟其他大学教师或声名大噪的作家完全相反，他们随时准备谈论知识分子的小环境或对自我的崇拜这类“琐事”：晋升、降职、影响力、职业生涯。他不必关心同时代的人（所以，表面上他也不讨厌他们）。他毫不关心知识旅行推销员，知识旅行推销员在我们这一片儿很有名，以这样那样的科学“成果”为荣，表现得像要为此而烦恼了，从公文包里拿出报刊上一篇篇关于自己的文章，抽搐一样地显摆自己享誉国际的盛名，让人能感觉到这实质是敲诈。我们习惯了三角函数学家这些没完没了的、滥用的面孔：梦想短暂的独裁，难以隐藏对年轻时的朋友的复仇欲，是他们这些人“惹”的。什么？“文学”，“诗歌”。R. B. 自然而然不得不得罪——已经得罪了，将要得罪——三种思想开拓者：获得灵感的作家、“艺术家”；思想狭隘的教授；超我的学者。换句话说，得罪的是三种无后见之明的、不必一分为二的话语。这种时有发生的、口头的、肠内的怪癖，R. B. 将其称为“占有欲”。

他用大片蓝色的、清新的字迹写作。从句法上看，具有音乐性。没有涂改，没有废话。他并不是从某种东拼西凑的理论中找到了一种万能的方法，一种行文的关键。而是他知道窍门：断断续续修改的小表格（从长时间不再牢靠的记忆的各个角落而来），号称有说服力的“插图”。诗歌片段，多变的谚语，名言，儿歌，模糊的回忆：全副武装批判世界大同主义（cosmopolitisme）。世界反大同主义（cosmoapolitisme）。R. B. 不是世界主义者，但事实上、本质上是复数的。有多少主题像他的一样多变？我们在其中找不到一丁点儿种族主义、排外、民族主义，总之，没有一丁点儿歇斯底里的痕迹？歇斯底里是反 R. B.：一个人不约束自己的他者，对于他（她）而言就没有他者。R. B. 又名反神经症。我们说他铁定、必然是民主主义者。不论以何种角度看，一切都浸淫了法西斯主义，我们往往不知道，也无法知道法西斯主义（也就是说，如有必要，将它归罪于他人），而这浸淫了法西斯主义的一切都是他所反对的。R. B. 反对占有欲：这可以变成一本连环画。法国小资产阶级被一种语言的自由赶走，僵硬的、反应强烈的、乖戾的、顺从的、成群结队的、独自的，杜米埃[1]勾勒出他们从一片空地一一离开的轮廓，在这片空地上不禁发泄心中的怨气。他们的名字？皮卡尔（Picard）、阿佩尔-穆勒（Apel-Muller）、巴伯里（Barberis）、穆南（Mounin），我还可以继续列举。反动派、保守派、空想家、前日丹诺夫主义者、修正主义者、改良主义者，在这样一个大学成了资本垃圾箱的国家，招收什么人实际上都一样，大学渐渐

1 此处指的应该是法国现实主义讽刺画大师奥诺雷·杜米埃（Honoré Daumier，1808—1879）。

投向其政治经济的竞争者，还有同盟者，以及，渐渐投向它的意识形态管理者：未来的国家垄断修正主义。

R. B. 是投射测验，R. B. 是发动者，也是反审查者。他保守、坚韧、能屈能伸，有着中立的声音、白色的品质。启蒙（aufklärung）的白，白的边缘是讽刺，一种在其中能听得到声音的颜色。R. B.，或者说自我批评的警惕：他反馈给你们的是他的自我监督，是他自我分析的姿态，这种姿态就是准备好去发现每个多余的结，每种症状，每次阻塞。这是新教，不过是温和的、清空的、日本化的新教。假如法国有一个为意识形态斗争而成立的无产阶级革命党——因此推动马克思列宁主义进步，出产自己的知识分子，并以批评为基础拉拢一批进步的知识分子——毫无疑问，这个党派里将有 R. B. 的一席之地，在此他最为特别的品质可能会得以发展。的确，困在法国后斯大林主义大流里的我们无法想象：一方面是工人主义民粹主义

（l’ouvriérisme-populisme），另一方面是“诗歌的”夸张法（l’hyperbolisme），经验论和夸张的表达，宗派进化论和对抒情诗人夸张的崇拜。在这些有逻辑的组合里看到一种对立，这可能就太天真了：完完全全是一种有机的互补，一个客观相似的体系。教条修正主义（le dogmatico-révisionnisme）是管理者天然的合作伙伴，他小心翼翼避免表现出自由主义的假面，因此他变得更具压制性。教条修正主义，资产阶级自由主义，势必催生一种选择性折中主义：什么都可以，除了极左；什么都可以，除了辩证地揭示矛盾；什么都可以，除了动摇理论；什么都可以，除了性别及其话语的科学。教条修正主义、压制自由的自由主义、意识形态霸权主义相互渗透的统一体。该统一体是一个家长式管理的分裂系统，在 1968 年 5 月的巨大恐惧后，意识形态霸权主义由垄断资产阶级和法国修正主义当权派实现。家长式管理系统分裂成了精神的早闭型统合，它不由自主地升华，潜意识压抑力瞬间产生，精神“盲点”形成（自我否认），对这个发明的每个弱点喋喋不休。简而言之，法国本土小资产阶级与他们超大家族的地方主义陷阱。法国，零度：如今，没有什么比这种狭隘的民族主义更为退化的东西了，它故步自封、置若罔闻、无中生有、喋喋不休，对一切都漠不关心。

我们现在来说一说从《神话学》到《符号帝国》的轨迹：从“法国性”（francité）到俳句。换句话说，对于R. B.，这是一段漫长等待的历史，是一段被激怒后长途跋涉的历史，经由我们文化最大程度的自负、超载、衰落。经由文化公证人及其对“遗产”的顽念。经由对陌生人、对陌异性、对相异性、对暗恐（unheimlich）的恨之入骨。经由拜物教（fétichisme）（让我们把它写得更清楚一些：拜母胎教［fœtichisme］），R. B. 对此贡献了比其他任何人、任何形式主义者都要多的说明与表达。R. B. 严重挫伤了小资产阶级的自恋，小资产阶级首先就是拜母胎教者，父权背后的母权化，是伪君子、随大流的人、善良的恶人，如拉康所说，“法律”（la loi）[1] 的捍卫者。对小资产阶级而言，他者必须不惜任何代价被困在、固定在他虚构的存在中，以此保证他者的虚无。在某种意义上，男人体内有女人，女人体内有男人，伟大的骗局能让一段同性恋爱被隐藏在各种伪装之下：从“爱”和“伴侣”到“兄弟情”；从理想化的女人到物化的女人；从穿隐形衬裙的女人到阳具母亲。歇斯底里想要的是什么？拉康又说：一个能被它统治的主人。说到这，以下几类人不包括在内：相当于男人的女人（并且没有被过度抬高或贬低，不是阉人的伴侣，不是保证男男之情的物神）。相当于任何人的男人，抗主者（l’antimaître）、抗父者（l’antipère）、在职分析师。该不该说赌徒呢？

1 拉康把虽有犹无的父亲形象称为“法律”。

R. B. 关于萨德的一段话写得极好："他以受虐者们塑造一对伴侣，这是一种审美，这是一个动物的恶作剧表演，这个动物活泼、优雅，既顽固又有创造力，既易变又有韧性，它不停逃跑，又不停返回它所在空间的同一点，而僵硬的、胆怯的、一本正经的大高个木头人们只是试图牵制它（不是惩罚它，惩罚将是之后的事）。"萨德？至理。萨德怎么说他面前的障碍？"再者，囚犯以真理和启蒙哲学为名义，因为他想把这个道理为保持普遍性而不得不缄口或废除的东西，以常识的用语表达出来，否则这个道理本身可能就会被废除……"（想重新读一下这句话吗？）

R. B. 对语言学、符号学等感兴趣——曾经对此感兴趣？他远远走在时尚前沿（不要忘了他写过时尚的体系）。他比所有人都先明白"文学"研究的新基础是什么，其中还包括一种新的喋喋不休。然而，值得注意的一点是，他并没有试图将一种大学主义

（universitarisme）强加于过去的例证，而是随着同时代的先锋来思考，并且仍在思考自己的做法（因此，“新小说”之类的法国先锋行动复苏的首次文化活动，很快就偃旗息鼓，此外还迅速转变成一个越来越旧的“花架子”，出版业的市场还处在灰色折中主义的漫漫黑夜之中）。在传言俄国形式主义者要闯大祸（替补紧急，虚空如此严重；集训忙不过来的教师）之前，R. B. 就指出、划定、占有了正确的立场。关于文学运动，他很快发现专家政治论和新实证主义的局限，他不赞同传统的小练习：语音学—语法—格律。当然，当然，不是说它无用。但由此出发，再回归学术，简直是开玩笑。文学首先是一个意识形态问题，可能是一类意识形态问题。当然，文学有其科学的一面，但以其科学形式为中心是一种意识形态的行为，我们从这种行为中发现越来越多隐含的设定：反哲学的，反弗洛伊德的，反马克思主义的。是，应该捍卫语言的物质性，捍卫某种“形式主义”，等等，对抗庸俗社会主义带来的不可发现又难以言表的冗长说教；不，我们要拒绝大学话语的一种过度垄断，它想说的是回到课堂：压制主体、历史和当今最迫切的问题——历史中的主体语言。R. B. 本能地捍卫拉康式的颠覆，拉康式的颠覆反对旧形式主义的新康德式旧观念，旧形式主义止于最小差别的语言转换模式，不能真正进入话语的分析（除非是为了代替分裂的主体重新注入“潜意识”）。我们把批评的攻击性也归功于 R. B.，这是马克思主义的精神（即便词句不叫人死），但是绝不能说 R. B. 就是“马克思主义者”。文学最终作为实践，而首先作为过程，尤其作为个人经验，不再是一个元理论的殖民地。最重要的是，有了 R. B.，这个新的目标跃上舞台，它抵制所有还原的攻击，击破其形而上的监督者，扩大、侵蚀、挖掘、加深。由此，R. B. 与迫切制造晃动的先锋团结一致。看看其他人，实际上，关于文学，几乎没什么东西。有一些一般的、流动的特征，关于符号的诗学功能和符号可触知的方面（但谁触知到了呢？这才是问题所在），显然，并没有弗洛伊德；一些朝向书写主体的小心翼翼的推动力（在这一点上，即使拉康也仍然很薄弱，你们再读一读他写德雷[1]笔下之纪德的那篇文章，重点还是在德雷身上；至于萨德，拉康写得很好，不过，大段萨德式的话语去哪儿了？）。因此，实际上，一般来说，新古典主义或四十年前先锋的对角线论（aperçu diagonal），在意识形态政治的舞台，这些盲目折中的总和可以达到一种理想的妥协，即现代古典主义逆流（classico-modernisto-régressive），也就是阿拉贡了。R. B. 从来没有过这些天真。文学，对他来说，是一个完整的领域，与社会实践的其他领域相联系，不是点缀，不是语言学家、数学家、精神分析学家、社会学家、哲学家的消遣娱乐。文学是一个发展方式不同的物质世界，一个非次要的新问题，一个将知识嵌套在作品里的地方。文学是什么？它不

1　让·德雷（Jean Delay，1907—1987），法国精神病学家、作家。

能自己开口说。这个问题最终存在于其自身的创建历史。“新的东西，就是一种思想……它试图……去了解意义如何变得可能，以什么代价，通过什么路径。”“改变符号（不只是改变它们所说的），就是赋予自然一种新的命运……这种命运并不建立在‘自然’法则的基础上，恰恰相反，建立在人们赋予事物意义的自由之上。”（1963）

应该再读一读《米什莱》（1954），从中发现这个将语言作为主体、作为历史使用的历史主体的抽离。“米什莱的话语——我们通常称之为风格——正是这种并肩航行，历史及其叙述者类同鱼及其捕食对象。”“捕食者”米什莱，对垂直叙事和“物质的中间态”训练有素的音乐家，温和而隐秘的物种进化论者。米什莱 - 器官（Michelet-organe）：“在米什莱笔下，国王和王后们变成了一间制造恶心的药房。他们不是被声讨，而是被呕吐掉。”“的确，被截取的行为是表现历史人物的一个必不可少的维面。”《妇女》（*La Femme*）、《女巫》（*La Sorcière*）、《海》（*La Mer*）、《虫》（*L'Insecte*）、《人民》（*Le Peuple*）[1]……战斗和 R. B. 几乎形影相吊，生出克制的、间接的力量，在这里蠢蠢欲动（能指的力量，因为，从所指来看，米什莱仍然是个十足小资产阶级观念的学者）；这里，说的就是今天法国被远程麻醉的领域。偷窥者米什莱，能够感受到历史机器背后渗液的伤疤：“月经来潮就像某些昆虫可怕而必要的蜕皮，是一种极度的赤裸，它把女人变成一种存在，她使女人成为这样一种存在：没有外壳，没有秘密，暴露如一只没有甲壳的蚂蚁或没有蚕茧的蛹。”（R. B.）应该再读一读米什莱写罗伯斯庇尔粉碎的下颌骨的段落。有谁看到了 R. B. 在字里行间捕捉到的不只是“文本分析”，还有米什莱、

1 均为米什莱的著作。

巴尔扎克的影子,他们最后的幻觉的来源,他们的张力,他们的“壳”?

R. B. 并没有一种语言的物化主义观念。物化主义,也就是说,与精神主义或唯灵论相反。没有什么比唯物主义更形而上学了。重要的首先不是,也不只是唯物主义,而是唯物主义为何、怎样是辩证的。就像巴特的写作有一种政治性(我们已经看到了:反法西斯主义,严格的民主主义,与自由主义的阴谋诡计相对),他的实践同样隐含辩证。戏剧化。因此,他始终被布莱希特吸引。看得出他们使用的专有名词非常接近。但“个性”对比却很明显。克制的激情,假装的冷漠,东方,格言警句,反转手法,转换,内在性。从 1955 年起:“对于布莱希特而言,舞台讲故事,观众席审判,舞台是史诗,观众席是悲剧。然而,这也是通俗戏剧原本的定义。”“这关系到的不是任意一种戏剧风格的审判,而是观众意识,也就是创造历史的能力。”“此后，我们需要一种阐释的艺术，不再只是一种表达的艺术。”“戏剧应该果断通过将审判公开来帮助历史。”谁看不出这些见解比以往任何见解都具有现实意义呢？简单地说，十五年来，通过布莱希特关于历史、阶级斗争、世界革命的作品来看，我们可以说他的剧作出自戏剧贫民窟的内部，此后在符号领域占有重要的地位，语言的内外舞台不再是文学，也不再是哲学，而它创造出了一种文学与哲学、理论与实践之间的新关系，也是政治的新概念。相较于剧作，在布莱希特的理论文本中（参见《政治与社会文集》[*Écrits sur la politique et la société*]，如今每个革命知识分子都应该深度研究这本书，不能忘记这一决定性的事实——决定性在于面对修正主义的审查，反过来，修正主义的审查紧跟着教条主义的审查——布莱希特几乎立刻就承认了毛泽东的重要性），我们更能重新提出先锋文学的问题（写存在的语言要去乔伊斯的作品里找，显然，庸俗的“超现实主义”击退了对存在的语言的书写）。R. B. 在 1956 年写过：“将布莱希特的戏剧与其理论基础割裂开来，就像想了解马克思的行动却不读《共产党宣言》，或者想了解列宁的政策却不读《国家与革命》一样，是错误的。”“应该肯定布莱希特理论写作的重要性。”“实际上，布莱希特的伟大，他的孤独，是他不断对马克思主义的创造。”可以说，想让人了解布莱希特，就不得不对抗资产阶级和日丹诺夫的双重审查，正如今日对抗垄断主义和修正主义的双重审查一样。

因此，总是同样的反形而上的斗争，反对功利主义的压制或以语言为饰的分离主义，斗争是为了将语言的审判与真实创作的审判、与历史和主体的双重辩证表达联系起来。“革命艺术应该接受符号的某种任意性，应该承认某种‘形式主义’，从这个意义上来说，它应该根据一种适当的方法，即符号学方法，来探讨形式……任何布莱希特式艺术都反对意识形态与符号学之间的日丹诺夫式混乱，我们知道这种混乱通往哪条死路。”现在需要补充的是，死路很有可能是语言和意识形态混乱、分离、分裂的结果。语言是、也不是一种上层建筑。只要语言和意识形态的辩证法不是由政治斗争创立、运用、带来的，且辩证法反过来影响政治斗争，资产阶级、旧世界就可以安心睡大觉。一种进化论的、机械论的、经济学的马克思主义可能改变不了任何东西，也不能看出在既定形势下意识形态怎样、为何是决定性的，是引起并增加“终审”的物质力量。因此，抛开所有需要的理论技巧，抛开所有的沉默，抛开所有可能的畸变，这就是革命绕不过的一面。

布莱希特在他的作品里已经趋于将辩证法的基本原则应用于语言产出的空间：一分为二。他的反自然对本质主义的幻想、信仰主义的均质进行了攻击。R. B.：“布莱希特的形式主义，对资产阶级和小资产阶级伪自然的‘黏’是一种彻底的反抗。”“布莱希特的创造，是一种为了与革命修正接轨的战略过程。”语言的辩证实践将社会实践的辩证法、变革的范围、意识形态的发展趋势搬上舞台，不仅是作为宣传，还是对符号的迂回，对语言的轮换与突变，对主体、历史、科学、哲学批评的有形舞台上的意识形态的阐述与展开。布莱希特创造的“去污”（décrassage）、“去纯真”（déniaisement）、疑问 - 悬念（一：演出；分为二：史诗 / 悲剧，舞台 / 观众席）使得战线与其迂回，实践与其倍增的反响成为可能。“布莱希特的伦理主要在于对历史的正确解读，而这种伦理的可塑性（如有需要，改变**陈规旧律**［le Grand Usage］）就在于历史的可塑性本身。”R. B. 立即就发觉了布莱希特这种相较于法律的自由，他将其辩证合一，使经典的俄狄浦斯情结与悲剧的功能同时迷失了方向：“在资产阶级的秩序里，传递的发生总是从上一代到下一代：这是继承（héritage）原本的定义，这个词的适用范围远远超出了民法的限制（继承观念、继承价值等）。在布莱希特的秩序里，没有继承，除非倒过来：儿子死了，是母亲继承他，延续他，就好像母亲才是新芽，是需要绽放的新叶。因此，接替这个陈旧的主题，它滋养了这么多出资产阶级英雄戏剧，不再与人类学有关。这个主题没有阐明自然的一种必然法则，在《母亲》（*La Mère*）中，自由流转在最‘自然的’人际关系的正中心：一位母亲和她儿子的关系。”（此处“自然的”一词加了引号，我们能从中读到 R. B. 的讽刺。）

通过批评，R. B. 不断强调一种真实的现实主义的必要性，“事物和话语的中间状态”将文学变成了审慎的、开放的意识形态工作的指标。“现实主义［……］因此不可能是对事物的复制，而是对语言的认识。”“我总是把意指理解为生成意义的过程，而不是意义本身。”显然，他厌恶主观的、“想象的”油污，同样厌恶无聊的实证主义。显然，吸引他的不是诗化“特征”的经验主义重复，也不是一种耳熟能详的语音主义（phonologisme），而是关于历史话语的游戏，是建设性的、多层次的、多元的绝佳投资，简单说就是文本广泛而分散的统一体，其主体是分层的、矛盾的。作家首先是用所有人的语言联系所有人的人，是被记入历史的极端之人。他将自己写成一个异常的、一个不相容的结，反神经（l'antinévrosé），反精神病（l'anti-psychotique），不可能的（真实的）主体如此被感受到。文本是丰富的经历，是这种不可能性和这种不统一性的建构。反映所谓的语言共性（典型的理想主义观点）的“诗歌”并没有说服 R. B.，它反而极力表明了“小说”正在如何揭示符号功能的移动基础（这里，小说“融合”了本应通过“诗歌”了解的东西）：“或许有一种伟大的文学形式，涵盖了我们关于人所知道的一切。”R. B. 在自己的研究方法中，向我们这个时代最严谨的语言思想家靠拢：本维尼斯特，他的文化是语言理论家中最为复杂、最为深刻的。通过“文化”，我们在此明白了与 R. B. 称为文化适应（acculturation）的东西相反的东西，R. B. 是一个思想混沌时代的神话学家，这一时代因大学的分解而加速混乱："是文化适应支配着我们的时代，并且，我们可以梦想一种新小说和女性情感杂志的平行历史。"当文学事实上是文化，更准确地说，是革命文化时，它就有责任"给人们灵感"。换句话说，语言是一件太过于重要的事，不能受大学束缚。

R. B. 为了享乐能得到认可而斗争，这是一片新大陆。拉康说："享乐的权利，如果早就得到承认，那么它就会把快乐原则的主导统治打发到一个从那时起就已经过期的时代。"没有人像 R. B. 一样，以如此直接、简单、友好又准确的方式写过萨德："萨德的精致［……］是一种分析的能力和一种享乐的力量。"没有人比他更好地看到了"萨德主义"只是"萨德文本的平常内容"。今天，比以往任何时候更甚，在此，在我们之中，威胁我们、影响我们的是一种新的因袭态度，是衰竭的陈词滥调，怎样不盲目因袭，支持所有形式的抵抗和颠覆？反对各种形式的审查？R. B.：“审查在两个层面上是可恨的，因为审查是压制，因为它是愚蠢的，所以，我们总是想面对面地对抗它、教训它。”这里不是采取一种抽象的观点，而是具体案例具体证明，证明通常所认为的“恐怖主义”只是一种暴力，这种暴力回应的是一种更激烈、更持久的暴力，为反对教条主义及其软弱的复制品而斗争的唯一治愈方法就是专有的折中主义。这个观点若想有效，就必须通向一条革命路线。面对小资产阶级滑稽可笑的模仿，我们没什么可让步的。一切都要去创造、筛选、批评、改变。“违禁，就是在词汇划分（社会基础和阶级划分）之外命名。”在复杂的、脱离的、镜像之外的语言中，关于闻所未闻的主体，一切都需要学习。不，萨德不会白白为自己的要求付出代价。我们应该肯定最广泛的要求，学会肯定它，在“知”中肯定它，为了“知”肯定它。我有没有多次说过在粘滞的资产阶级法兰西法国（Franfrance），R. B. 是这个时代难得的伟大作家之一？有没有说过《符号帝国》、《萨德，傅立叶，罗犹拉》是杰作？有没有说他创造了序列写作，灵活剪辑，流态的叙事体，音乐分类，细节的乌托邦，一种坚实的基础——为的是人类关系的转变可以被接受（不引人注意），句法的悟（satori），语言真实性中语言的闯入？我说得还不够吗？还要我再重复吗？弗洛伊德说：“创新永远都将是享乐的条件。”一切都是战斗，才刚刚开始。

菲利普·索莱尔斯

《原样》，第 47 期

1971 年秋

罗兰·巴特写给菲利普·索莱尔斯的信

Urt

Mardi

Cher ami,

Je pense rentrer à Paris Vendredi soir. Comme je serai bien content de vous revoir rapidement et comme nous avons une certaine habitude du Dimanche soir, si vous êtes libre, nous pourrions nous voir Dimanche prochain 11 Oct au dîner. Si vous êtes d'accord, voulez-vous avoir la gentillesse de me téléphoner Samedi?

A très vite,

Votre ami

RB

于尔
周二[1]

亲爱的朋友，

我打算周五晚回到巴黎。我希望能很快再见到您，而且我们有周日晚上见面的习惯，所以如果您有空，我们可以下周日，也就是 10 月 11 日约晚饭。如果您觉得可以，能否劳驾您周六打电话给我？

回头见
您的朋友
RB

1 可能是 1964 年 10 月 6 日。——原注

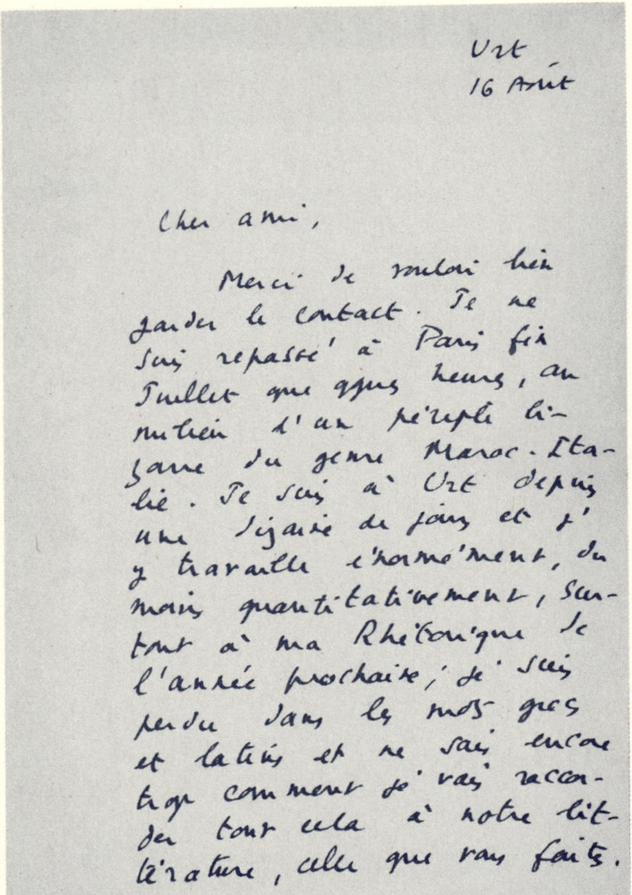

Urt
16 Août

Cher ami,

Merci de vouloir bien garder le contact. Je ne suis repassé à Paris fin Juillet que qques heures, au milieu d'un périple tzigane du genre Maroc-Italie. Je suis à Urt depuis une dizaine de jours et j'y travaille énormément, du moins quantitativement, surtout à ma Rhétorique de l'année prochaine; je suis perdu dans les mots grecs et latins et ne sais encore trop comment je vais raccorder tout cela à notre littérature, celle que vous faites.

于尔

8月16日[1]

亲爱的朋友，

感谢您愿意和我一直保持联络。这次奇怪的长途航行（摩洛哥—意大利）进行到一半时，我7月底又去了趟巴黎，不过只待了个把钟头。我回于尔十来天了，工作多得离谱，至少从数量上来看很多，尤其是我明年的修辞课；我在希腊语词和拉丁语词里迷失了，不知道要怎么把这些东西和我们的文学、您的文学衔接起来。

1　可能是1964年。——原注

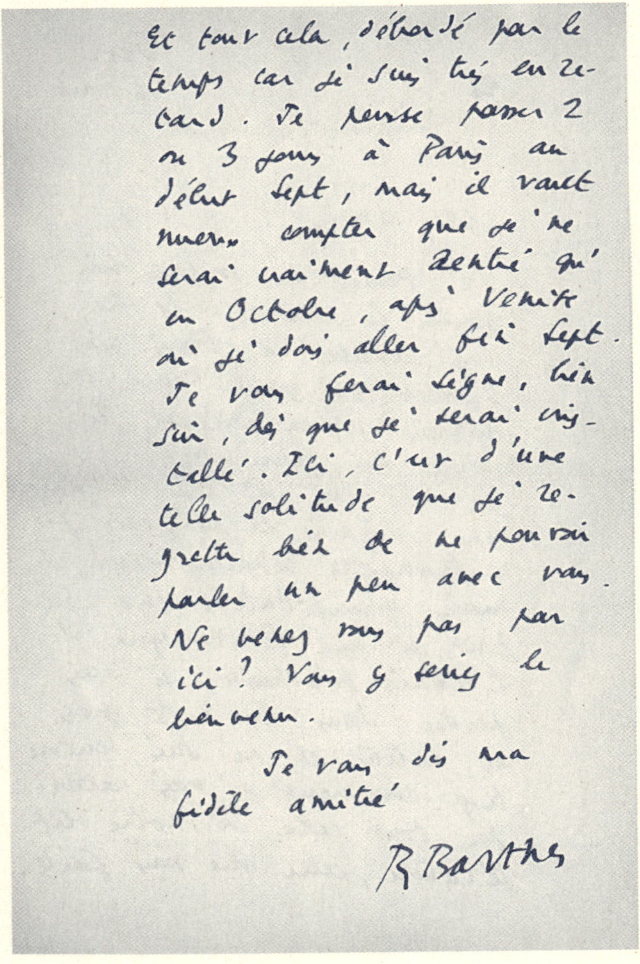
Et tout cela, débordé par le
temps car je suis très en re-
tard. Je pense passer 2
ou 3 jours à Paris au
début sept, mais il vaut
mieux compter que je ne
serai vraiment rentré qu'
en Octobre, après Venise
où je dois aller fin sept.
Je vous ferai signe, bien
sûr, dès que je serai réins-
tallé. Ici, c'est d'une
telle solitude que je re-
grette bien de ne pouvoir
parler un peu avec vous.
Ne venez vous pas par
ici? Vous y seriez le
bienvenu.

Je vous dis ma
fidèle amitié

R Barthes

这一切让我忙不过来，因为我已经耽搁了很多。我打算9月初去巴黎待两三天，但其实到10月份才算是真正回去，在那之前，我必须在9月底去威尼斯。当然，等我一安顿好就告诉您，这里，我很遗憾没法儿跟您聊一聊，这让我觉得如此孤单。您不来这边吗？如果您来，我很是欢迎。

致以我忠诚的友情

R · 巴特

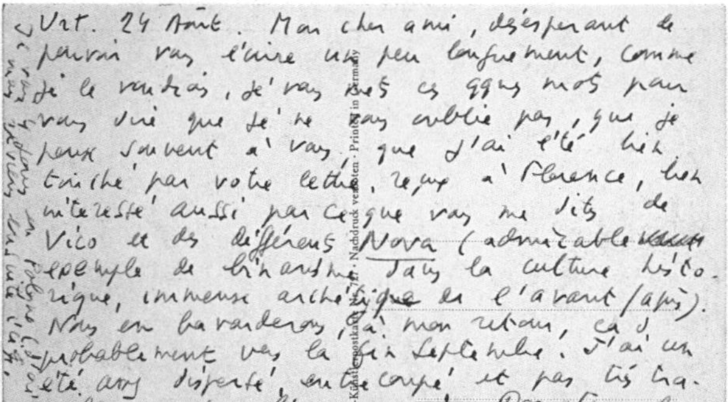

Urt. 24 Août. Mon cher ami, désespérant de pouvoir vous écrire un peu longuement, comme je le voudrais, je vous mets ces qqs mots pour vous dire que je ne vous oublie pas, que je pense souvent à vous, que j'ai été bien touché par votre lettre, reçue à Florence, bien intéressé aussi par ce que vous me dites de Vico et des différents Nova (admirable exemple de binarisme dans la culture historique, immense archétype de l'avant/après). Nous en bavarderons, à mon retour, c.à.d. probablement vers la fin septembre. J'ai eu un été assez dispersé, entrecoupé et pas très travaillant ; c'est l'opposant ~~du [illegible] de~~ travail dans cette histoire où je suis à [illegible] sujet. J'espère que vous vous [illegible] travaillez bien. Toute mon amitié R Barthes

Philipp Hackert (1737–1807)
HERBST: WEINLESE BEI SORRENT
Köln, Wallraf-Richartz-Museum

Emil Fink-Künstlerpostkarte Nr. [illegible] · Nachdruck verboten · Printed in Germany

于尔。8月24日[1]。亲爱的朋友，我想给您多写点，但令人失望的是不能，写这么几句话给您，是想告诉您我没有忘记您，告诉您我常常想到您，告诉您我很感动在佛罗伦萨时收到了您的来信，我对您跟我讲的维柯和各种各样的新（Nova）很感兴趣（历史文化中的二分法是个不错的例子，大量前/后效果对比的范例）。等我回来，也就是大概9月底，我们再聊聊这个话题。我的夏天过得乱七八糟，插曲不断，没怎么工作，这简直是和给我工作的人对着干，是我不好。我希望您工作顺利。致以我全部的友情，R · 巴特。

［纵向附言：］

我去波兰（我的明信片就是从那里来的）待四天，然后回这里。

1　可能是1965年。——原注

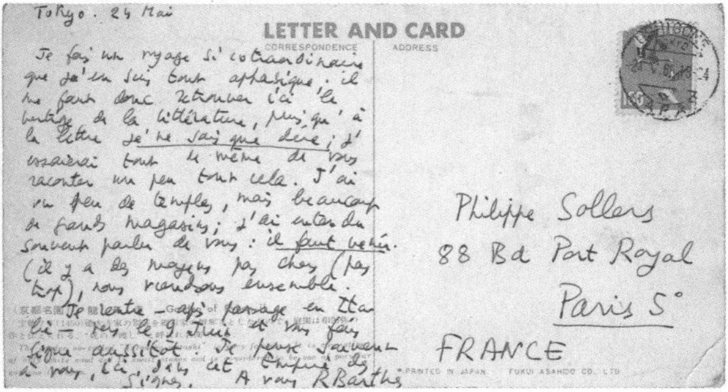

LETTER AND CARD

CORRESPONDENCE

Tokyo. 24 Mai

Je fais un voyage si extraordinaire que j'en suis tout aphasique. Il me faut donc retrouver ici le vertige de la littérature, puisqu'à la lettre je <u>ne sais que dire</u>; j'essaierai tout de même de vous raconter un peu tout cela. J'ai vu peu de temples, mais beaucoup de grands magasins; j'ai entendu souvent parler de vous : <u>il faut venir</u>. (il y a des moyens pas chers (pas trop), nous viendrons ensemble.

Je rentre — après passage en Italie — vers le 9 Juin et vous fais signe aussitôt. Je pense souvent à vous, ici, dans cet Empire des Signes.

A vous R Barthes

ADDRESS

Philippe Sollers
88 Bd Port Royal
Paris 5°
FRANCE

PRINTED IN JAPAN FUKUI ASAHDO CO., LTD

东京。5月24日[1]

我经历了一场如此不同寻常的旅行，以至于我完全说不出话来；所以我应该在这里重新找回对文学的狂热，因为，说真的，我只会说话；我还是会试着跟您简单讲讲我在这里的一切。我没怎么看到寺庙，倒是看到很多商店；我常听人说起您：应该来的。（有便宜些的方法，我们以后一起来。）

我途经意大利，稍作停留后，6月9日回去，一回去就联系您。我时常想起您，在这里，在这符号的帝国。

此致，

R·巴特

1 1966年。——原注

Broadview 833
116 W. University PKwy
Baltimore MD 21210

25 Oct

Cher ami,

Je projetais de vous écrire longuement, mais je suis pris ici encore par mille tâches, des paresses, des ennuis et je veux sans attendre trop vous faire un signe d'amitié. Je pense souvent à vous ; c'est peu dire que vous me manquez : ce qui <u>manque</u> (à l'Amérique) c'est vous ! — L'ensemble est ennuyeux, supportable, gris, sans jamais un <u>projet</u> de plaisir et mon hédonisme en est très blessé ! Je travaille très médiocrement, sans invention ; rien de la schizophrénie féconde que j'espérais ; plutôt de la dépression ! Heureusement ma famille va venir un peu en Nov, et je serai libre tôt, le 15 Déc (les Universités sont ici un luxe absolument inutile pure prothèse de la (bonne) cons-

布罗德维尤 833 号 10 月 25 日[1]
大学西街 116 号
巴尔的摩，马里兰，21210

亲爱的朋友，

我本打算写给您一封长长的信，但我在这里受困于繁忙的任务，身心俱疲。我迫不及待地想写信给您。我常常想起您，我想说的是，我想念您：（在美国）缺的是您！[2]——一切都令人心烦，不尽如人意，单调乏味，甚至都没有一个能让我愉快的计划，我的享乐主义大受挫伤！工作上碌碌无为，毫无创新；没有出现任何我所期望的能够丰富想象力的精神分裂；还不如得了抑郁症！不过值得高兴的是，我的家人 11 月会来待一阵子，我很快就闲下来了，12 月 15 日（在这里，大学是一种完全无用的奢侈，［良］知的完美义肢）

1 1966 年。——原注

2 "我想念您"，原文作 vous me manquez；"缺的是您"，原文作 ce qui *manque* c'est vous。

cience). Je n'ose vous demander de me raconter un peu la saison parisienne, vous devez être débordé ; mais qques nouvelles de vous me seraient une grande joie.

Je vous dis ma fidèle et vive affection

R Barthes

……我不敢要求您相告巴黎之毒，您应该忙不过来。但关于您的一点点新消息都会让我非常高兴。

致以我最真挚、最强烈的感情

R · 巴特

THE JOHNS HOPKINS UNIVERSITY
BALTIMORE, MARYLAND 21218

DEPARTMENT OF
ROMANCE LANGUAGES

19 Nov

Cher ami,

merci — en hâte, mais de tout coeur — pour vos deux lettres; la première m'a fait du bien, la seconde du plaisir, car j'aime et j'estime Schefer; je n'ai pas vu le MASS mais j'écris un mot à Flamand. — Ma mère et mon frère sont ici et cela a adouci un séjour austère. Ils repartent dans 8 jours et moi je partirai aussi pour visiter un peu le pays (tout en revenant à Baltimore). J'en aurai fini avec les US vers le 15 Déc; je ne sais pas encore si j'essaierai d'aller au Japon ou si je

11 月 19 日[1]

亲爱的朋友，

谢谢——说得匆忙，但真心诚意——您的两封来信：第一封让我受益匪浅，第二封令我高兴，因为我喜欢舍费尔[2]，我尊重他；我没有见过手稿，但我会给弗拉芒[3]写封短信。——我母亲和弟弟来了，这缓和了在这里生活的乏味。他们八天后走，我也要动身去随便观光一下这个国家（然而还是要回到巴尔的摩）。我在美国的行程将于 12 月 15 日左右结束，我还不知道我会不会想去趟日本，或者

1 巴尔的摩，1966 年。——原注

2 此处指的应该是法国作家、哲学家、艺术评论家让-路易·舍费尔（Jean-Louis Schefer，1938— ），其于 1969 年在 Seuil 出版社的"原样"丛书里出版了处女作《一幅画的透视》（*Scénographie d'un tableau*）。巴特在此所说的"手稿"可能就是指这本书。

3 此处指的应该是法国著名出版人保尔·弗拉芒（Paul Flamand，1909—1998）。他被誉为"Seuil 出版社的灵魂"。

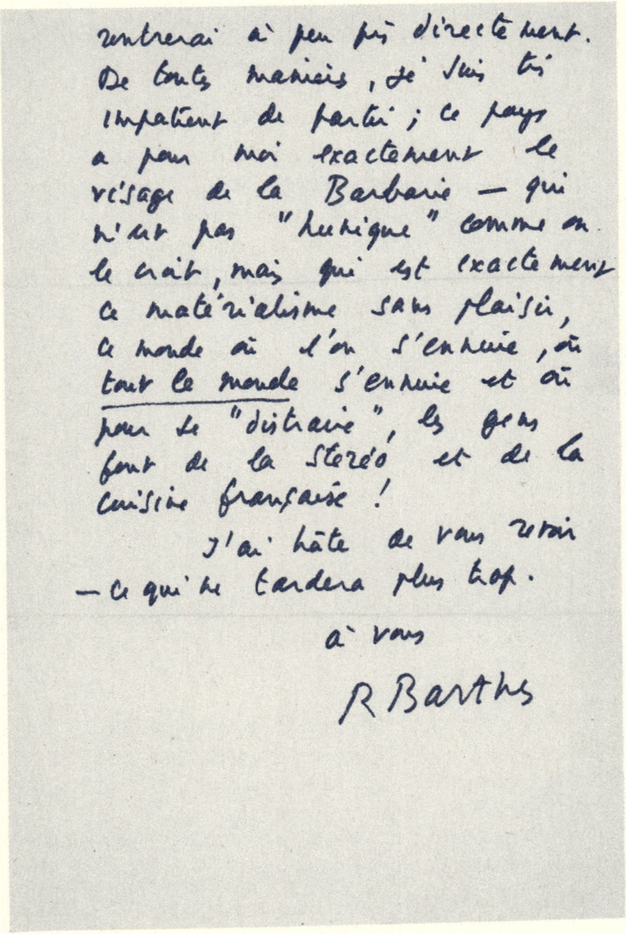

rentrerai à peu près directement.

De toutes manières, je suis très impatient de partir ; ce pays a pour moi exactement le visage de la Barbarie — qui n'est pas "technique" comme on le croit, mais qui est exactement ce matérialisme sans plaisir, ce monde où l'on s'ennuie, où tout le monde s'ennuie et où pour se "distraire", les gens font de la stéréo et de la cuisine française !

J'ai hâte de vous revoir — ce qui ne tardera plus trop.

à vous

R Barthes

直接回国。总之，我迫不及待想离开这里；这个国家对我而言完全是一副野蛮的嘴脸——并不是我们以为的那种“匈牙利人式的”野蛮，而是这种毫无乐趣的物质至上主义，是这个令人感到厌倦、令所有人都感到厌倦的世界，在这里，人们为了消遣而听听音乐、做做法餐！

迫不及待想见到您——不会等太久的。

此致

R·巴特

Urt
11 Sept 67

Cher ami,

Je vous remercie pour le texte sur Lautréamont ; c'est un texte beau, important, je vous le dis ~~[deleted]~~ sincèrement ; outre le fait qu'il change entièrement Lautréamont, et cela au delà de toute norme critique et accomplit de la sorte l'écriture même de Lautréamont selon la nouvelle définition de l'écriture, votre texte a – aura – l'efficacité d'un manifeste qui possède ce que j'appellerai la clarté éclairante (car il est d'autres clartés), celle qui, à coup d'éclair, change à chaque fois le paysage ; et puis, votre texte est un texte, un tissu en anastomose complète avec le tissu de Lautréamont, qui fait enfin bouger l'écriture du commentaire (c.à.d. le détruit). J'aimerais parler à bâtons rompus de tout cela avec vous, comme cela viendra ; nous tâcherons d'avoir une bonne soirée avant mon départ pour Baltimore qui a bien le 2 octobre (le cafard va croissant en moi à l'idée de ce départ). Je rentre dans 2 jours et vous téléphonerai aussitôt. – J'ai écrit à Jaland pour le Loyola que vous souhaitez, mais j'ai peur qu'il soit en vacances, ce qui va encore retarder, et je n'ai plus le temps de vous faire du nouveau ce mois-ci. Comment faire ? Nous en parlerons. – Je reviens à votre texte : dois-je faire qqechose pour Critique ? « Surveiller » Piel ? Il n'y aura aucun problème : c'est un texte, dont Critique, par bien d'autres textes, est indigne !

Je vous remercie encore pour ce Lautréamont. J'ai hâte que d'autres le lisent ; et je vous dis maintenant à très bientôt,

votre ami

R Barthes

于尔

1967 年 9 月 11 日

亲爱的朋友，

感谢您关于洛特雷阿蒙的文章[1]；我要真诚地告诉您，这是一篇非常美、非常重要的文章；除了完全改变了洛特雷阿蒙，这超越了任何一种批评标准，还根据写作的新定义完成了洛特雷阿蒙的写作，您的文章有——将会有——一份宣言的效力，具有我称之为启示之光（la clarté éclairante）的东西（因为还有其他的光），启示之光一次次闪过，每次都改变了风景；然后，您的书写物成了文，成了与洛特雷阿蒙的织物完全吻合的织物，最终推动了评论的书写（也就是说，摧毁了洛特雷阿蒙的织物）。我想把这一切断断续续地说给您听，就像它将断断续续地发生；我们尽量在我 10 月 2 号出发去巴尔的摩之前找一晚聚一聚（每每想到要走，我就感觉百爪挠心）。我待两天就回来，一到就给您打电话。——您想要的罗犹拉我已经给雅拉尔（Jalard）写过信了，但恐怕他已经放假了，这事儿还得再等等，我这个月没时间再给您写新的了。怎么办呢？我们谈一谈。——继续说您的文章。我是不是应该为《批评》做些什么？“监视”皮尔[2]？没问题的，《批评》有许多其他的文章，而这是一篇《批评》配不上的文章。

还是谢谢您写洛特雷阿蒙的文章，我已经迫不及待想让别人读一读了；我这就跟您说再见了，

您的朋友

R · 巴特

---

1 《洛特雷阿蒙的科学》(La science de Lautréamont)，《批评》，第 245 期，1967 年 10 月（后收入《书写与极限体验》[*L'Écriture et l'expérience des limites*]，Paris：Seuil，1971）。——原注

2 此处指的应该是法国作家、出版人让 - 巴蒂斯特 · 皮尔（Jean-Baptiste Piel，1902—1996）。1962 年巴塔耶辞世后，皮尔接替他成为《批评》的主编。

12 Janv 70

Cher ami,

je reçois votre mot à l'instant. J'allais vous écrire pour vous dire d'un mot combien, hier soir, le lisant dans le *Monde*, j'ai trouvé *tonique et pulvérisant* votre texte (ou le texte de *Tel Quel*), avec quelle joie, quelle fraîcheur (sensation renouvelée de nouveauté et de nécessité) je vous ai lu posant d'une façon impeccable la dialectique des trois niveaux : embrassement (et embrasement) qui vous assure une *place imprenable* et tout simplement la certitude de *vivre* et de travailler ; pulvérisation nécessaire, ou plutôt *décapant*, car le reste de la page est plein de *mélasse* ; comment les lecteurs, même du *Monde*, ne serait ce qu'en fonction de leurs propres critères (netteté, force, élégance de la pensée), pourraient-ils se tromper ?

Naturellement, la bande proposée par Bardet est *fausse*, car ce n'est pas Balzac que j'ai lu et d'autre part, en tant que "Barthes" je ne suis l'*agent* de rien du tout ; le nom seul eût été meilleur car

1970 年 1 月 12 日

亲爱的朋友，

我刚刚收到您的信。我写信是为了跟您说，我认为您的文章[1]（或者说，《原样》的文章）是多么让人振奋、有突破性，昨晚在《世界报》上看到您的文章，阅读令我感到多么喜悦、多么新鲜（创新性和必要性给人焕然一新的感觉），我看到您完美地植入了三个层次的辩证法：拥抱（embra*ss*ement）（和火［embra*s*ement］）确保了您不可动摇的地位，以及，很简单，确保了生活和工作的可靠性；必要的摧毁，或者不如说是不落俗套的，因为版面其他文章简直是一团糟；读者，甚至是《世界报》的读者，哪怕只是按照他们自己的标准（清晰度、力度、思想的优雅），他们能骗过自己吗？

当然，巴尔代[2]提议的宣传册（bande）是不对的，因为我读的不是巴尔扎克，另一方面，作为“巴特”，我根本不是任何事物的代言人；只是名字可以更好，因为

1 《文学先锋》(L'avant-garde en littérature)，《世界报》，1970 年 1 月 10 日。——原注

2 此处指的应该是法国著名出版人让·巴尔代(Jean Bardet，1910—1983)。1937 年，他和弗拉芒一起接管了 Seuil 出版社。

sans phrase (sans récit d'une action) il eût été la simple étiquette d'un tiroir (le livre); mais j'avoue que je n'ai pas envie de me battre pour une bande et d'y investir trop de scrupules théoriques, puisque c'est le commerce, qu'ils en soient les juges et les responsables; peut être, de ce point de vue, cela aura-t-il l'avantage ~~[illegible]~~ de l'illusion: me faire prendre une fois de plus pour un "nouveau critique". La bande sera en retard, mais après tout c'est peut être sa fonction. Bref, je n'objecte pas, faites pour le mieux.

J'envoie aujourd'hui même les épreuves à Melle Faucille; il restait pas mal d'erreurs, et je suis un peu inquiet de l'état final, d'autant que je n'ai pas vu les schémas-clichés, un peu délicats à monter.

Nous avons eu une arrivée pénible: bloqués à Tanger 3 jours par les inondations qui coupaient les routes; aujourd'hui soleil pour la première fois depuis longtemps.

Votre ami

RB

不需要掩饰（不需要对行为进行叙述），只是一个抽屉（一本书）上简单的标签；不过我承认，我没有为一份宣传册奋斗的意愿，也不会想对其投入过多的不切实际的认真；因为这是个买卖，他们是买卖的裁判也是负责人；可能，以这个观点来看，这将得益于幻想：让我再一次把它当作“新批评”；宣传册会迟到，但总之这可能就是它的功能。简而言之，我没有异议，您尽力去做。

我今天还给福西耶（Faucille）小姐寄去了校样；有很多错误，我对最后呈现的状态有点担心，更何况我还没看印刷稿，修改起来有点棘手。

我们艰难地到达了目的地，由于洪水冲断了道路，在丹吉尔滞留了三天；今天终于出太阳了，这么久以来第一次。

您的朋友

RB

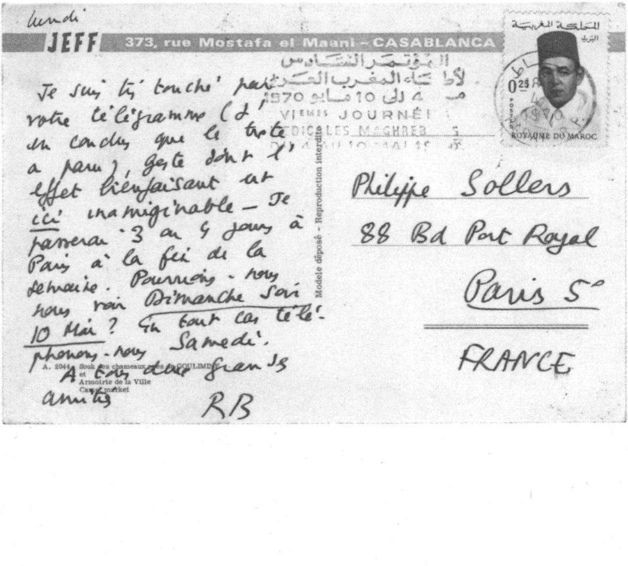

lundi

JEFF 373, rue Mostafa el Maani – CASABLANCA

Je suis très touché par votre télégramme (d' en conclus que le texte a paru), geste dont l'effet bienfaisant est ici inimaginable – Je passerai 3 ou 4 jours à Paris à la fin de la semaine. Pourrions-nous nous voir Dimanche soir 10 Mai ? En tout cas téléphonons-nous Samedi.

A vous deux grandes amitiés

RB

Philippe Sollers
88 Bd Port Royal
Paris 5e
FRANCE

ROYAUME DU MAROC 0,25

VIEMES JOURNÉES MÉDICALES MAGHREB... DU 4 AU 10 MAI 1970

Modele déposé – Reproduction interdite

A. 2044 Souk des chameaux près de GOULIMINE et Armoirie de la Ville
Camel market

周一

您的电报令我大为感动（我从中得知文章[1]已经发表了），这样做的好处此刻是无法想象的——这周末我要去巴黎待三四天。我们可以在5月10日周日晚见面吗？总之，周六我们通电话吧。

致我俩伟大的友谊

RB

1 《S/Z》（S/Z），《文学半月刊》（*La Quinzaine littéraire*），第90期，1970年3月。——原注

Vendredi

95.611.23 - RABAT
Les barcassiers et la pointe des Oudaïas
The Barcassiers
and the Oudaias promontory
Die Barkassiere
und die Spitze der Oudaias

AIDEZ VOS FRÈRES
SINISTRÉS
DES INONDATIONS
ADRESSEZ VOS VERSEMENTS
AU COMPTE N°
24 ... 20-0008-5
BANQUE DU MAROC

Editions "La Cigogne" Exclusivité HACHETTE
SOCHEPRESS - CASABLANCA
Reproduction interdite

Encore merci pour l'article de la Quinzaine, si beau et si didactique ; s'il ne s'agissait de moi, je voudrais que tous mes étudiants le lisent : tout y est. — Je ~~...~~ rentre à Paris le 19 mai. A bientôt
merci
RB

Collectionnez les Cartes Postales !

DIPLOME PRESTIGE DE LA FRANCE
MEXICHROME

ROYAUME DU MAROC 0,25
RABAT R.P. ... 1970

Philippe Sollers
88 Bd Port Royal
Paris 5e
France

周五

还是感谢《半月刊》上那篇文章[1]，非常优美，深具教育意义。要不是因为文章有关于我，我很想让我的学生都读一读。这篇文章应有尽有。——我3月19日回巴黎，回见

谢谢

RB

1　参见本书第103页注释。——原注

11. RUE PIERRE SEMARD
RABAT

Vendredi

Cher ami,

Vous ne savez tout ce que
m'a apporté votre texte sur S/Z
— d'autant que depuis mon retour
ici je n'ai plus aucun écho
de ce livre (des lettres pour me
dire qu'on va le lire ; vous con-
naissez l'intourloupette) ; votre
analyse — parfaite du point de
vue de la communication — m'
a enrichi rétrospectivement et
j'y ai appris des choses : vous
avez un don extraordinaire d'
exploitation et de radicalisation
symbolique, une façon de repren-
dre en allant plus loin qui
même dans l'ancien système
(genre quinzaine) devrait être la
définition rare du critique.
Une fois de plus, je veux dire

周五

亲爱的朋友，

您不知道您关于《S/Z》的文章[1]给我带来的一切——更何况从我回到这里以来，就再也没有收到关于这本书的任何反馈（有人来信说要去读这本书，您明白这是恶作剧）；您的分析从交流的角度来看非常完美——我之后回想起来，您的分析充实了我，我从中学到了一些东西：您在开拓和符号极端化方面天赋异禀，甚至在旧系统中（《半月刊》这种）能更进一步，这种方法可以成为批评的罕见定义。

再一次，我想

1 参见本书第103页注释。——原注

comme à l'occasion de vos lettres, je regrette que votre texte ne puisse plus être inclus dans le livre, car réellement il en fait partie, comme geste continué à deux. Merci d'avoir fait cela si vite et si bien : je sais déjà que ~~et~~ ~~elle~~ ce sera la seule prolongation adulte du livre et du Maroc, est elle pour moi un acte, un bien irréversible.

Ici, atmosphère trouble (car angoissée et difficile à analyser : et surtout : tellement peu d'espoir pour ce pays). J'ai décidé tout à fait de rentrer à Paris pour l'année prochaine et j'en suis soulagé, bien que déjà triste de quitter certains moments charmants, absolument délicieux, apportés par le climat, le pays, les gens (mais non les "étudiants", race malheureusement "sacrée" — ou même de sacrés). A bientôt (à Pâques)

Merci. Votre ami

R

Je viens de recevoir le Langage de Julia. Remerciez-la.

借写信的机会告诉您，我很遗憾您的文章没能纳入书中，因为它的确也是这本书的一部分，这本书是我们俩的共同努力。谢谢您这么快就完成了一篇这么好的文章，我敢说这将是《S/Z》唯一成熟的延伸，至少它对我来说是一份证明，一件我单方面受益的好事。

在这里气氛阴郁（因为心情焦虑，而且分析困难；尤其是，对于这个国家如此不抱希望）。我坚决明年要回巴黎，这让我感到安心，尽管要告别气候、国家和人们带来的一些愉快而美妙的时刻（但不是“学生们”，这个不幸“神圣的”种族——自以为神圣的种族）使我感到悲伤。回见（复活节时）。

谢谢。您的朋友

R

我刚刚收到茱莉娅的《语言》（*Langage*）一书[1]，替我谢谢她。

1　即《语言，这未知的：语言学引论》（*Le Langage, cet inconnu. Une initiation à la linguistique*）。

9 Sept 70

Cher Philippe,

Je pensais moi aussi qu'il y avait bien longtemps que je ne vous avais écrit, comme si nous ne nous écrivions qu'en cas de "coup dur"; mais je vois que vous avez eu un triste été et j'en suis triste pour vous : j'imagine ce double deuil, celui de votre père (Wahl venait de me l'apprendre) et celui d'être séparé de votre travail – et tout cela, comme vous dites, sur fond français. Pour moi, je vais quitter ce pays dans 3 semaines ; ce sera une expérience que j'aurai du mal à analyser (à psychanalyser), à moins de la prendre elle-même comme une analyse (psych–), ce qui, je crois, est sa vérité ; c'est dire que si l'on prenait la vie

1970年9月9日[1]

亲爱的菲利普，

我也想到有很长一段时间没有写信给您了，好像我们只在遭遇“沉重的打击”时才写信给对方；但我明白您度过了一个悲伤的夏天，我也替您感到悲伤：我能想象这种双重哀痛，您的父亲过世（华尔刚刚告诉我），您还被迫离职——这一切，就像您说的，都发生在法国。而我三周后将离开这个国家；这将会是我难以分析（精神分析）的一段经历，除非把它本身当作一种分析（精神-），我相信这才是它的真相；也就是说，如果我们把人生，

1 这封信写于摩洛哥（拉巴特）。——原注

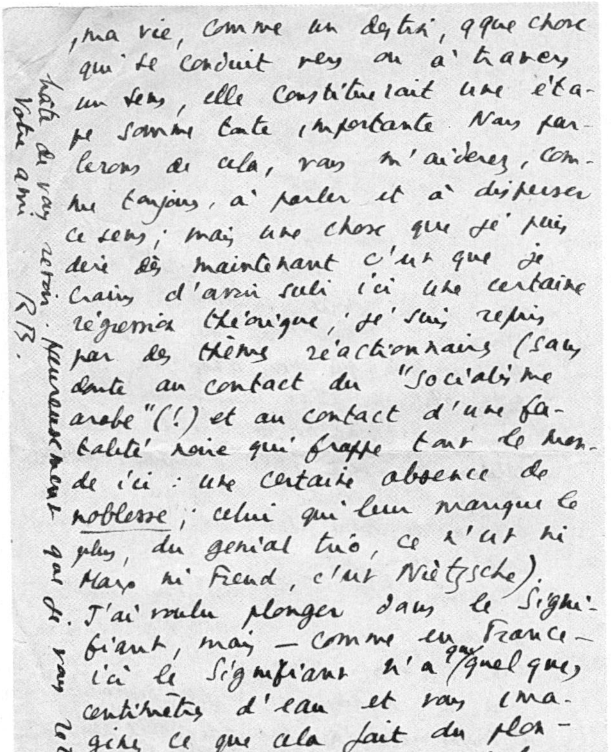

, ma vie, comme un destin, qqe chose
qui se conduit vers ou à travers
un sens, elle constituerait une éta-
pe somme toute importante. Nous par-
lerons de cela, vous m'aiderez, com-
me toujours, à parler et à disperser
ce sens; mais une chose que je puis
dire dès maintenant c'est que je
crains d'avoir subi ici une certaine
régression théorique; je suis repris
par des thèmes réactionnaires (sans
doute au contact du "socialisme
arabe" (!) et au contact d'une fa-
talité noire qui frappe tout le mon-
de ici : une certaine absence de
noblesse; celui qui leur manque le
plus, du génial trio, ce n'est ni
Marx ni Freud, c'est Nietzsche).
J'ai voulu plonger dans le Signi-
fiant, mais — comme en France —
ici le Signifiant n'a que quelques
centimètres d'eau et vous ima-
ginez ce que cela fait du plon-
geon! Mais je commence à ba-
varder, nous reprendrons tout cela
à mon retour définitif, vers le
10 Octobre. J'ai la plus grande

hâte de vous revoir. Heureusement que je vous retrouverai !
Votre ami
RB.

我的一生，当作是一种命运，当作通向或穿透某一种意义的东西，那么人生就成了一个非常重要的总阶段。我们要聊一聊这个，您要像一直以来那样帮我讨论并分散这个意义；但我从现在起可以说一件事，那就是我害怕在这里经受一种理论的倒退；我又忙于革命性的主题（可能与“阿拉伯社会主义”［！］有关，与降临在这里所有人身上的悲惨命运有关：一种高贵的缺席；绝妙的三重奏中他们最缺乏的，既不是马克思，也不是弗洛伊德，而是尼采）。

我想专心于能指，但——就像在法国——在这里，能指只有几厘米的水深，您想象一下这能掀起多大的水花呢？啊，我要开始喋喋不休了，等我回来了我们再聊聊这一切，大约10月10日。我

［纵向：］

迫不及待想与您见面。庆幸有您！

您的朋友

RB.

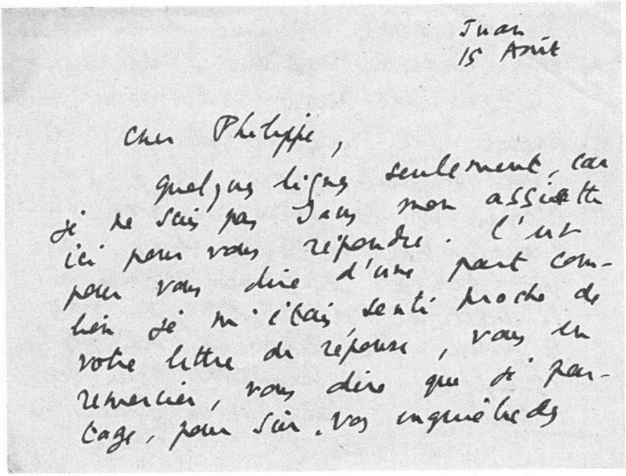

Juan
15 Août

Cher Philippe,

Quelques lignes seulement, car je ne suis pas dans mon assiette ici pour vous répondre. C'est pour vous dire d'une part combien je m'étais senti proche de votre lettre de réponse, vous en remercier, vous dire que j'ai par-
tagé, pour sûr. Vos inquiétudes

朱安
8月15日[1]

亲爱的菲利普，

我只写了几行，因为给您回信时我身体不适。写这封信，一方面是为了告诉您，您的回信让我感到多么亲切，要为此感谢您，跟您说我当然赞同您

1　可能是1972年。——原注

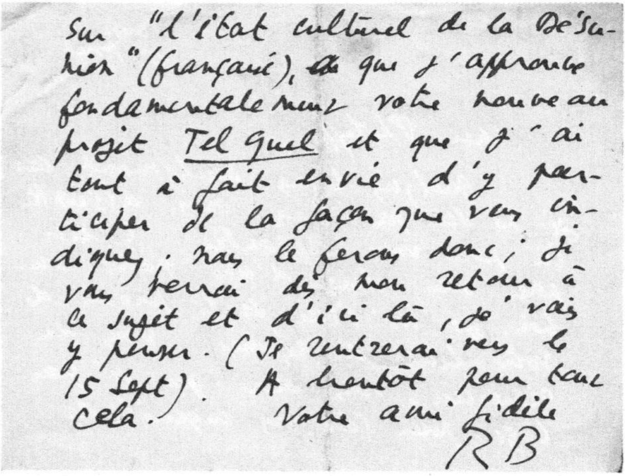

sur "l'état culturel de la Réu-
nion" (française), que j'approuve
fondamentalement votre nouveau
projet Tel Quel et que j'ai
tout à fait envie d'y par-
ticiper de la façon que vous in-
diquez. Nous le ferons donc; je
vous verrai dès mon retour à
ce sujet et d'ici là, je vais
y penser. (Je rentrerai vers le
15 sept). A bientôt pour tout
cela.
Votre ami fidèle
RB

对于“不统一的文化状态”（法国）的担忧，我从根本上支持您的新《原样》计划，我完全愿意按照您说的方式加入其中；所以我们着手做吧；我一回去就去见您，讨论这件事，从现在起到见面前，我会想想这件事。（我 9 月 15 日回去。）回见，回聊。

您忠实的朋友

RB

Samedi

Je suis contrarié pour vous, pour nous, par cette nouvelle imbécillité de presse ; on n'en sort pas, ces gens là sont immatures. Je rentre lundi soir, j'espère que nous dînerons bientôt ensemble, faire un peu le point sur tout ça.

Votre ami

RB

周六

我替您、替我们生气，因为最近报纸上的这一番蠢话；我们摆脱不掉，那些人没完没了。我周一晚回去，希望我们很快能共进晚餐，共商对策。

您的朋友

RB

64670 URT

5 sept 72

Mon cher Philippe,

Ceci simplement pour vous dire que je ne vous oublie pas, malgré mon silence. Il ne s'est rien passé dans mon été, sinon des phrases, comme disait Flaubert. J'ai écrit une plaquette sur le plaisir du texte, mais au milieu de tant d'affres, de <u>peurs</u>, que je ne sais même pas si je la donnerai à publier ; c'est peut-être un coup pour rien ; je vous la montrerai, bien sûr (il y est d'ailleurs un peu parlé de <u>Lois</u>) et nous discuterons de la publication éventuelle. Je pense rentrer vers le 20 sept (nous sommes

1972 年 9 月 5 日

亲爱的菲利普，

这封信只是要告诉您，虽然没有跟您联络，但是我没有忘了您。像福楼拜说的，我的夏天除了句子没什么别的了。我写了本关于文本之愉悦的小册子 [1]，但处在这么多的苦痛、恐惧之中，我甚至不知道要不要将它拿去发表；这样做可能是徒劳之举；我会把它给您看看，当然（而且当中略有提及您的《法》[*Lois*] 一书）我们来讨论一下发表的可能性。我能够在 9 月 20 日左右回去（只有

1 巴特，《文之悦》(*Le Plaisir du texte*)，Paris: Seuil，1973。——原注

seuls avec ma mère, mon frère étant en voyage, pour un certain temps encore).

J'espère que Julia et vous allez très bien, que vous avez beaucoup travaillé : comment, de quoi pourrai-je écrire si tous les deux vous n'écrivez pas !

A bientôt,

votre ami

Roland

母亲和我在一起，我的弟弟去旅行了，还要过段时间才回来）。

祝您和茱莉娅都好，希望你们事业有成。如果你们二位不写作，我又怎么能写？又能写些什么呢？

回见，

您的朋友

罗兰

Vendredi 26 Janv

Cher ami,

Je viens de finir l'exploration — une première exploration de votre texte, aux explorations infinies, comme un ciel ; j'emploie cette métaphore très à dessein car vous nous donnez quelque chose comme — enfin — la première cosmogonie d'un monde intégralement révolutionnaire, du langage à ses "références" ; c'est admirable, captivant (qu'on appelera par une dénégation significative, difficile), sorte de bull-dozer impressionnant de tous les déconditionnements ; vous avez réussi — me semble-t-il — à poser une jointure inouïe entre des termes que la société maintenait soigneusement isolés comme des pôles, le corps et la révolution ; une mise entre parenthèse nette de tout l'Occident sans jamais rien qui sente le "folklore" ou la "spécialité" ; et en même temps vous prenez en charge, comme des citations, les anciennes beautés du langage ; c'est très impressionnant et il me semble que, quelles que soient les réticences à prévoir, votre texte est un météore réel tombé du Programme, quelque chose donc qui va faire bouger les questions. Je vous dis cela en vrac avant d'avoir l'occasion de vous voir un soir prochain, je l'espère. Merci et à vous

RBarthes

1月26日周五[1]

亲爱的朋友，

我才结束——对您文本[2]的第一遍挖掘，还需要像探索天空一样无限地挖掘；我故意用这个比喻，是因为您带给我们的东西——总之——就像全新世界的第一个宇宙起源说，从语言到其“所指”；非常奇妙，引人入胜（我们用一种否定的意味将其称为艰涩），像是一种推走所有心理制约的推土机，令人印象深刻；您成功地——在我看来——在社会已然小心翼翼与诸极点（也就是说，团体和革命）保持孤立的词语之间建立了前所未闻的连接；果断把整个西方放在一边，从来感受不到“本国传统”或“特色”；同时，您触及了从前的语言之美，比如，那些引用；这令人印象深刻，在我看来，无论面前是怎样的反抗，您的文章都是一颗如期落下的真正的流星，是能激起问题的东西。我先这样凌乱地说说，下次见面再聊，我希望能很快见到您。谢谢，谢谢您。

R · 巴特

1 可能是1973年。——原注

2 索莱尔斯，《H》(*H*)，Paris：Seuil，1973年。——原注

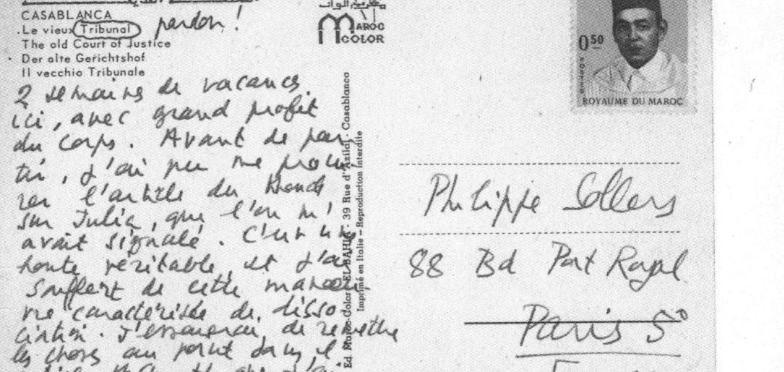

Vendredi 27 Juillet

الدار البيضاء :
المحكمة القديمة

CASABLANCA
. Le vieux Tribunal
The old Court of Justice
Der alte Gerichtshof
Il vecchio Tribunale

pardon!

MAROC COLOR

المملكة المغربية
البريد
0.50
POSTES
ROYAUME DU MAROC

2 semaines de vacances ici, avec grand profit du corps. Avant de partir, j'ai pu me procurer l'article du Monde sur Julia, que l'on m'avait signalé. C'est une honte véritable et j'ai souffert de cette manœuvre caractérisée de dissociation. J'essaierai de remettre les choses au point dans l'article ~~H~~ sur H, que j'ai presque terminé. J'espère vous voir en Août. A bientôt. Amitiés R.

Ed. Maroc-Color EL-BAHIA - 39 Rue d'Azilal - Casablanca
Imprimé en Italie – Reproduction interdite

118 Visitez le Maroc

Philippe Sollers
88 Bd Port Royal
~~Paris 5e~~
~~France~~

Photo Mar-Marin

7月27日，周五

［明信片上本来印着的文字里，“Tribunal”（法院）一词被圈了起来，在后面写了句：］胡说八道！

在这里度过了两周假期，身体觉得好多了。临走前，我设法找到了《世界报》写茱莉娅的文章，我之前听人提到过。真是个耻辱，这种以分解为特点的手法让我难受。我试图再改一改写《H》的那篇文章[1]，我已经快写完了。希望8月份能见到您。

祝你们都好

R.

1 巴特，《蔑视》（Par-dessus l'épaule），《批评》，第318期，1973年11月（后收入《作家索莱尔斯》，Paris：Seuil，1979）。——原注

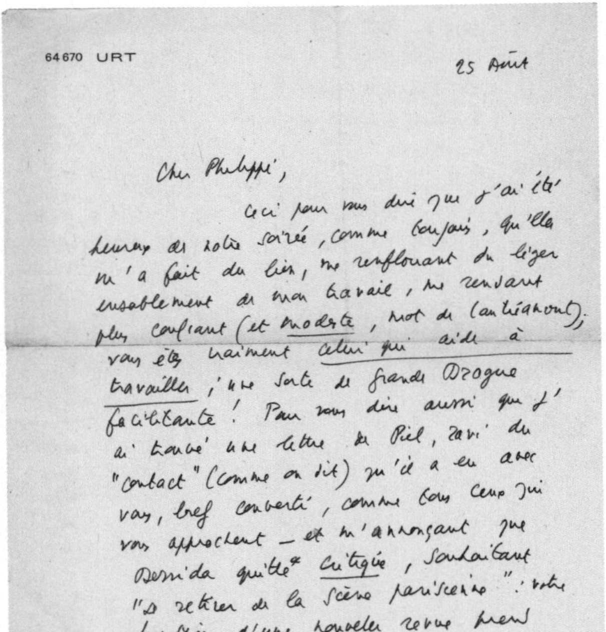
64670 URT

25 Août

Cher Philippe,

Ceci pour vous dire que j'ai été heureux de votre soirée, comme toujours, qu'elle m'a fait du bien, me renflouant du léger ensablement de mon travail, me rendant plus confiant (et _modeste_, mot de Lautréamont); vous êtes vraiment _celui qui aide à travailler_ ; une sorte de grande Drogue facilitante ! Pour vous dire aussi que j'ai trouvé une lettre de Piel, ravi du "contact" (comme on dit) qu'il a eu avec vous, bref converti, comme tous ceux qui vous approchent — et m'annonçant que Derrida quitte* _Critique_, souhaitant "se retirer de la scène parisienne" : votre hypothèse d'une nouvelle revue prend

8 月 25 日[1]

亲爱的菲利普，

写这封信是想告诉您，我们晚上的相聚像往常一样让我很高兴，让我受益匪浅，让我从陷入困境的工作中脱离，让我恢复了自信（和谦卑，按照洛特雷阿蒙的说法）；您真是个有利于我工作的人；一种成瘾性药物！我还要告诉您的是，我收到了一封来自皮尔的信，他很高兴与您“接触”（他是这么说的），像所有认识您的人一样被您折服——他告诉我，德里达离开了《批评》，希望“淡出巴黎的舞台”。您对于新杂志的设想

1 1973 年。——原注

corps ! Moi aussi j'aimerais bien quitter le cher Piel, dont à vrai dire je ne lis guère la revue — mais évidemment je ne puis le faire maintenant. Donc, comme toujours, continuons.

A bientôt, de nouveau.

Toute mon affection à tous deux

Roland

正初具雏形！我也很想离开亲爱的皮尔，老实说，我几乎没读过他的杂志——但显然我现在不能这样做。因此，我们还是一如既往吧。

再说一次，回见。
致以我对你俩的全部友爱
罗兰

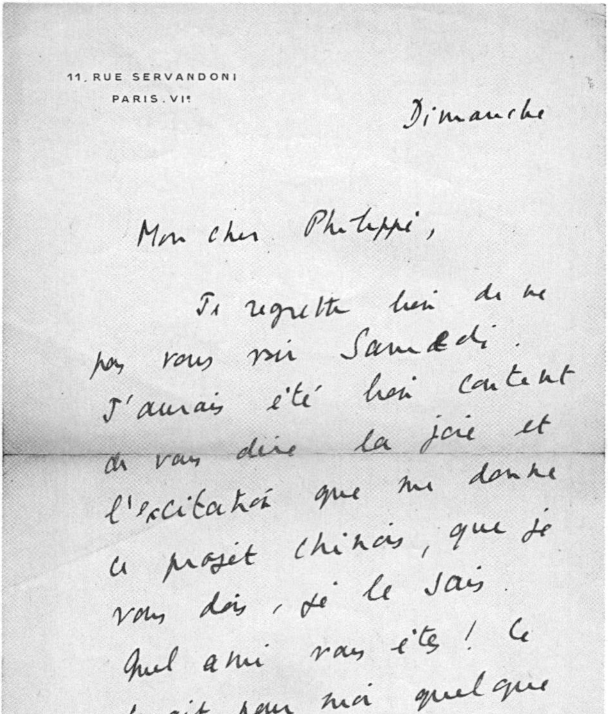

11, RUE SERVANDONI
PARIS. VIe

Dimanche

Mon cher Philippe,

Je regrette bien de ne pas vous voir Samedi. J'aurais été bien content de vous dire la joie et l'excitation que me donne ce projet chinois, que je vous dois, je le sais. Quel ami vous êtes ! Ce serait pour moi quelque chose de vraiment *historique* : ce pays et vu

周日[1]

亲爱的菲利普，

我很遗憾周六没有和您相见。我本想很高兴地跟您讲这次中国行的计划带给我的喜悦和兴奋，这都归功于您，我知道。您太够朋友了！对我而言，这可能真的是件历史性的事：这个国家，而且还是

1　1973 年 12 月。——原注

avec vous deux (sans compter le grand folklore Lacan pour nos veillées ultérieures).

On se verra donc à la rentrée (je reviendrai d'Urt vers le 2 Janv) voulez vous qu'on essaye de se garder le Dimanche 6 Janvier ? On se téléphonera le Jeudi ou le Samedi.

Mon affection pour tous les deux

RB

Encore une fois exaspéré par la contiguïté dans l'[illegible] minable de mon interview et du <u>Obs</u> babil tout à fait gâteux (répétitifs) de Cl. Roy. Pardon !

和你俩一起（不算上最后几晚加入夜谈的伟大而又受欢迎的拉康）。

所以冬假过后我们碰面吧（我大概 1 月 2 日从于尔回来）。我打算把我们的周日之约定在 1 月 6 日，您觉得呢？我们周四或周六电话联系。

致以我对你俩的爱

RB

又一次被蹩脚的《新观察家》（*Obs*）里我的访谈[1]和 Cl. 鲁瓦（Cl. Roy）[2]愚蠢的絮语（翻来覆去地说）激怒。胡说八道！

---

1 《歌剧魅影（与埃克托 · 比安西奥蒂的访谈）》（Les fantômes de L'Opéra. Propos recueillis par Hector Bianciotti），《新观察家》（*Le Nouvel Observateur*），1973 年 12 月 17 日（后收入《作品全集》，第四卷，Paris：Seuil，2002，pp.488-491）。——原注

2 此处指的应该是法国诗人克洛德 · 鲁瓦（Claude Roy，1915—1997）。

MINISTÈRE DE L'ÉDUCATION NATIONALE

ÉCOLE PRATIQUE DES HAUTES ÉTUDES
VIe SECTION - SCIENCES ÉCONOMIQUES ET SOCIALES
SORBONNE

54, RUE DE VARENNE, 75007 PARIS
TÉL. : 222.68.20

PARIS, LE 14 Janv 75 19

Cher Philippe,

Je ne cesse de vous admirer — car ce que vous venez d'écrire de l'écrivain est proprement admirable de justesse, de bonheur, de vérité, et je voudrais que tout le monde lise ce texte et croie à ce qu'il dit. Merci de l'avoir dit de moi : il n'arrive jamais, vous le savez, qu'on puisse se reconnaître dans un article qui vous est consacré, et c'est pourtant — hors de tout narcissisme, de toute valeur — le cas avec

1975 年 1 月 14 日

亲爱的菲利普，

我无法停止对您的欣赏——因为您刚写完的关于作家的文本[1]的确因为贴切、恰当、真实而大获赞赏，我希望所有人都能读读这个文本，相信书中所说的。感谢您写到了我。您知道的，我们从来都无法从一篇写给自己的文章中认识自己，然而——抛开所有自恋、价值——您做到

1 索莱尔斯，《致巴特》(Pour Barthes),《文学杂志》(*Le Magazine littéraire*),第 97 期，1975 年 2 月。——原注

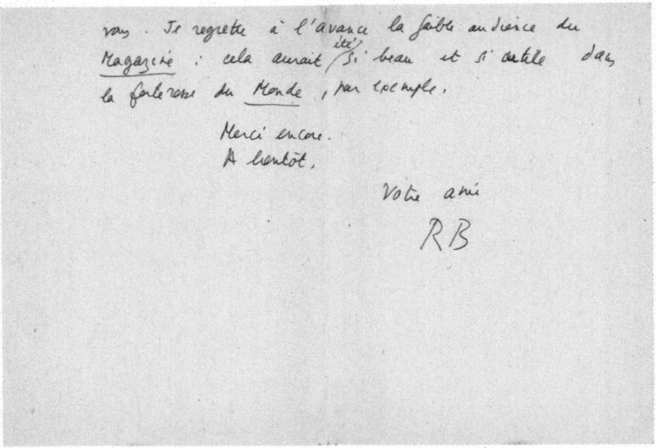

vous. Je regrette à l'avance la faible audience du *Magazine* : cela aurait été si beau et si utile dans la forteresse du *Monde*, par exemple.

Merci encore.
A bientôt.

Votre ami

RB

了。我很遗憾《杂志》没有多少读者。这个文本本来那么优美、那么实用，要是有，比如说，《世界报》加持，就好了。

还是感谢。

回见，

您的朋友

RB

64670 URT

25 Juil 75

Vous avez bien fait de m'écrire,
mon cher Philippe : il ne s'agit dans
mon esprit, et je le dis loyalement,
que d'un malentendu. Je ne me rap-
pelle pas bien ce que j'ai dit dans
cet interview : il m'a été plus ou moins
extorqué, dans un café, par un joli gar-
çon (on est voué à périr de ça !)
pour un journal japonais ! Après quoi,
j'ai appris que le writing, que je
n'avais pas encore vu, avait été li-
fourgué vers le Figaro : je n'ai pas
voulu faire d'histoires, mais n'ai pu
lire le writing qu'en toute hâte, le
~~[illegible]~~ coursier du Figaro attendant à
la porte ; vous connaissez ces <u>impuretés</u>
du métier. Quant au fond (je n'ai
pas vu le texte publié), je suppose que
j'ai fait allusion à deux carences :
l'une, de la lignée de Céline, située
uniquement dans le champ tradi-

1975年7月25日

您写信给我，这很好，我亲爱的菲利普，实话说，在我看来这只是个误会。我记不清我在这个访谈[1]中说了什么。对我来说，它或多或少是一种榨取，在一家咖啡馆，采访我的是个帅小伙（他死定了！），他为一家日本报社工作！后来我得知这篇我还没有过目的访谈稿被改投到了《费加罗报》（*Le Figaro*）；我不想小题大做，只能飞快地浏览一下，《费加罗报》派来的人在门口等着；您明白这一行的腐化。至于内容（我并没有看已经发表了的文章），我猜我可能提到了两点缺失：其一，塞利纳[2]独自

1 《罗兰·巴特质疑语言（与劳伦·基赛尔的访谈）》（Roland Barthes met le langage en question. Avec Laurent Kissel），《费加罗文学报》（*Le Figaro littéraire*，译按：《费加罗报》[*Le Figaro*]的每周增刊），1975年7月5日（后收入《作品全集》，第四卷，pp.914-918）。——原注

2 路易-费迪南·塞利纳（Louis-Ferdinand Celine，1894—1961），本姓德图什（Destouches），法国小说家、医生，代表作有《死缓》（*Mort à crédit*）、《茫茫黑夜漫游》（*Voyage au bout de la nuit*）等。

tionnel du romanesque vraisemblable ; l'autre, dans le champ linguistique, où le parlé n'est pas reconnu. Aucune de ces carences, ce n'était en tout cas évident, naturel, ne pouvait vous concerner. Je situe votre travail dans une autre région du spectre langagier, et je le dis toujours : dans le sémi-naire que j'ai fait, au printemps à Jussieu, dans 2 conférences données à Sciences Po, j'ai parlé assez longuement de la Phrase et j'ai mis en rapport explicitement quoi et quoi ? le langa-ge "populaire" (des "jeunes") et votre tra-vail. Je ne cesse de le dire (sinon en-core de l'écrire, parce que j'écris peu), votre travail subvertit violemment la notion même d'avant-garde, parce qu'il répond, par dessus la "littérature" à ce qu'on pourrait appeler le corps histo-rique (d'aujourd'hui) — et non le corps esthé-tique. Pardonnez-moi de ne pas l'avoir rappelé dans cet interview : chute qui n'est même pas censure (il y en a tant de même !). Ne soyez pas blessé par cela : je suis profondément à vos côtés, sans défaillance aux côtés de votre travail.

Je tâcherai de vous écrire encore, vous dire où j'en suis (ce n'est pas

ils brillent). Je vais penser à moi, à Jussieu, comme l'année dernière ; aucun travail récitant devant moi. Voilà. Je vous dis ma fidélité et chaleureuse affection.

RB

处于逼真小说（romanesque vraisemblable）的传统领域；其二，语流没有在语言学领域得到承认。任何一种缺失至少在我看来都很明显、很正常，都不会是您需要担忧的问题。我将您的作品定位在另一个语言类别区域，我一直都这样说：在我春天参加的巴黎六大朱西厄校区的研讨会上，在我于政治学院作的两场讲座上，我花很长时间谈论了句子，而且，我在什么与什么之间明确建立了联系？是在"流行的"语言（"年轻人的"语言）与您的作品之间。我不停地说这一点（但还没有写下来，因为我不怎么写了），您的作品是对先锋观念的剧烈颠覆，因为它在"文学"之上回答了我们可以称之为（今日的）历史体（le corps historique）的东西——而不是审美体（le corps esthétique）。原谅我没有想起这个访谈，忘记甚至不是潜意识的压抑（还是有一些的！）。您不要因此感到受伤，我由衷地伴您左右，愿您工作顺利。

我试着再写几句，说说我所处的现状（并不是

［左侧纵向］

太好）。我要去朱安待一个月，像去年一样；眼前没有任何激动人心的工作。好吧。致以我最忠实、最热情的友爱

RB

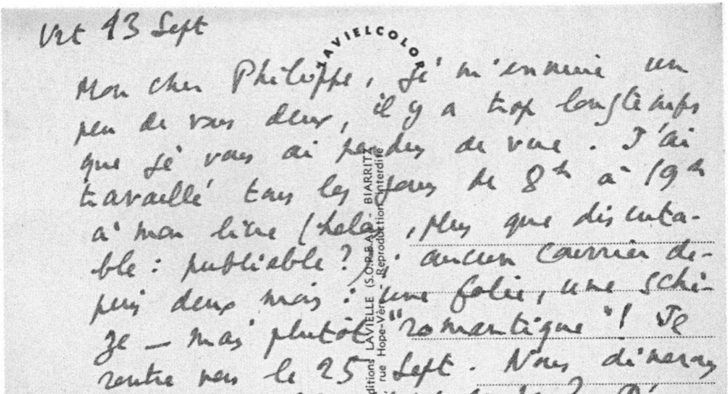

Urt 13 Sept

Mon cher Philippe, je m'ennuie un peu de vous deux, il y a trop longtemps que je vous ai perdus de vue. J'ai travaillé tous les jours de 8h à 19h à mon livre (hélas, plus que discutable : publiable ?). Aucun courrier depuis deux mois : une folie, une schize — mais plutôt "romantique" ! Je rentre vers le 25 Sept. Nous dînerons alors ensemble, n'est ce pas ? D'ici là à tous deux ma fidèle affection

Roland

G. 255.- La Belle Forêt de Pins

于尔，9月13日[1]

我亲爱的菲利普，我想你俩，已经太久没见到您了。我每天从8点到19点都要写书[2]（唉，比引发争议更大的问题：可以发表吗？）；两个月来我没有收发任何信件：疯狂，分裂——但不如说是“浪漫”！我大概9月25日回去，我们一起吃晚饭，好吗？在那之前，致以我最忠心的友爱

罗兰

1 可能是1976年。——原注

2 巴特，《恋人絮语》，Paris：Seuil，1977。——原注

COLLÈGE
DE
FRANCE

CHAIRE DE
SÉMIOLOGIE LITTÉRAIRE

Paris, le 10 Avril 77

Cher Philippe,

merci pour votre mot si juste, sur le livre, et qui, par contraste, rend la cécité-surdité des autres bien déprimante. — Vous savez que ma mère ne va pas bien du tout ; son cœur est terriblement fatigué ; elle est alitée, très faible. Je ne pense, je ne m'occupe que d'elle.

Après les vacances, si je puis m'échapper de la maison une heure, cela me fera bien plaisir de vous voir.

Votre ami

Roland

1977年4月10日

亲爱的菲利普，

感谢您关于这本书[1]如此准确的评价，相比之下，它让其他人的盲与聋变得无趣。——您知道的，我母亲最近身体非常不好，她的心脏十分不适，卧病在床，弱不禁风。我满脑子只有她，忙着照顾她。

假期过后，如果我能出门一个小时，那我很高兴能去见见您。

您的朋友
罗兰

---

1 参见本书第145页注释2。——原注

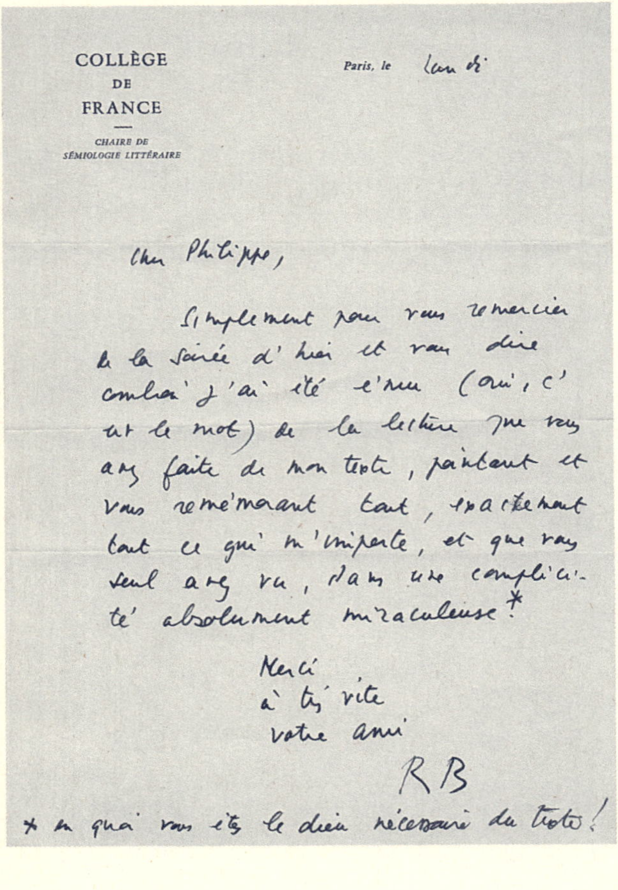

COLLÈGE
DE
FRANCE

CHAIRE DE
SÉMIOLOGIE LITTÉRAIRE

Paris, le lundi

Cher Philippe,

Simplement pour vous remercier de la soirée d'hier et vous dire combien j'ai été ému (oui, c'est le mot) de la lecture que vous avez faite de mon texte, parlant et vous remémorant tout, exactement tout ce qui m'importe, et que vous seul avez vu, dans une complicité absolument miraculeuse*

Merci
à très vite
votre ami

RB

* en quoi vous êtes le dieu nécessaire du texte!

周一

亲爱的菲利普，

这封信只是为了感谢昨晚的聚会，告诉您我有多么感动（对，是这个词）您读了我的书[1]，您标记了，一切都记在心里，确切地说，对我很重要的一切您都记得，您是唯一看过这本书的人，您用一种奇迹般的默契进行阅读*。

谢谢
回头见
您的朋友

RB

* 因此您是必不可少的文神（le dieu nécessaire du texte）！

1 可能是《恋人絮语》。——原注

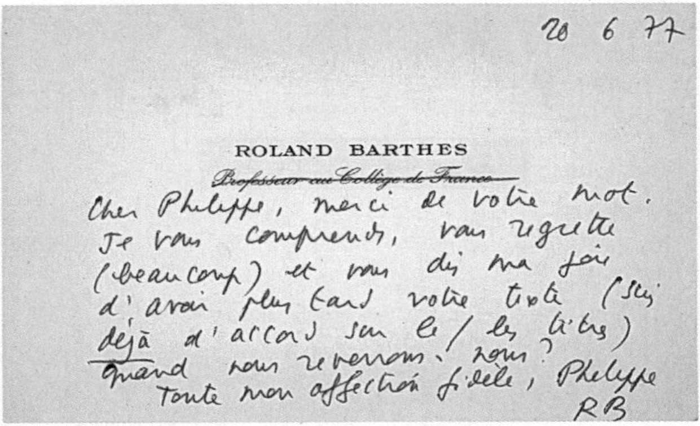

20 6 77

ROLAND BARTHES

~~Professeur au Collège de France~~

Cher Philippe, merci de votre mot. Je vous comprends, vous regrette (beaucoup) et vous dis ma joie d'avoir plus tard votre texte (suis déjà d'accord sur le / les titres) Quand nous reverrons-nous ?

Toute mon affection fidèle, Philippe

RB

1977 年 6 月 20 日

亲爱的菲利普，谢谢您的话。我理解您，（非常）想念您，想告诉您之后收到您的文章我会多么高兴（我已经赞同文章的标题了）。我们何时见面呢？

致以我最忠诚的友爱，菲利普

RB

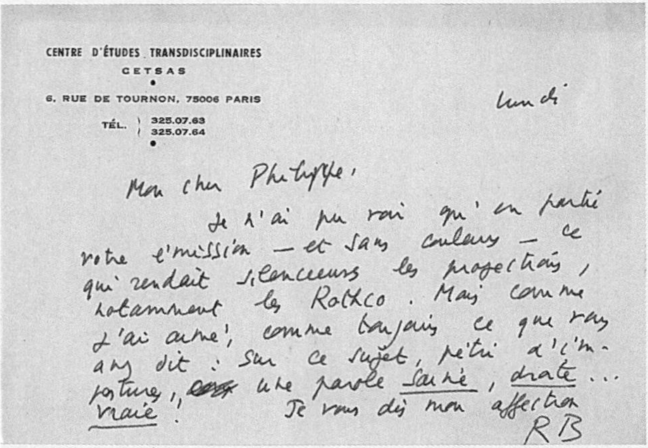

CENTRE D'ÉTUDES TRANSDISCIPLINAIRES
CETSAS
•
6, RUE DE TOURNON, 75006 PARIS
TÉL. 325.07.63
325.07.64
•

Lundi

Mon cher Philippe,

Je n'ai pu voir qu'en partie votre émission — et sans couleurs — ce qui rendait silencieuses les projections, notamment les Rothko. Mais comme j'ai aimé, comme toujours ce que vous avez dit : sur ce sujet, pétri d'imposture, une parole <u>sainte</u>, <u>droite</u>... <u>vraie</u> ! Je vous dis mon affection

RB

周一[1]

亲爱的菲利普,

我没能完整看您的节目[2]——还是黑白的——这样一来影像没声音了,尤其是罗斯柯家族那段。不过像往常一样,我多么喜欢您说的这句话:关于这个欺骗性的话题,有一种健康的、正直的……真实的话语!

致以我的友爱

RB

1 1977年。——原注

2 短片《菲利普·索莱尔斯不可思议的博物馆》(*Le Musée imaginaire de Philippe Sollers*),夏尔·沙布(Charles Chaboud)导演,1977年。——原注

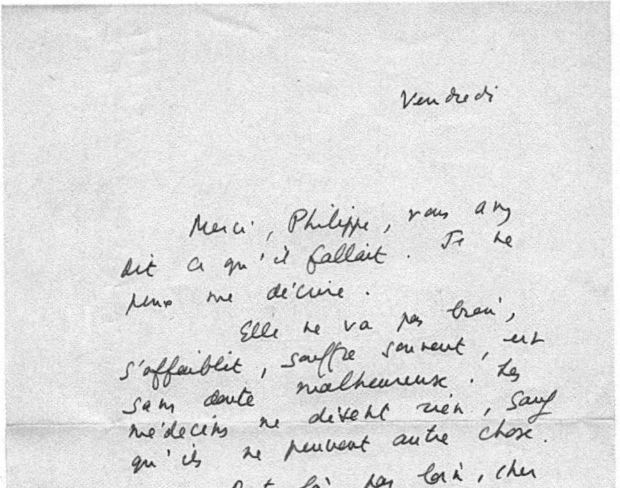

Vendredi

Merci, Philippe, vous avez dit ce qu'il fallait. Je ne peux me décrire.

Elle ne va pas bien, s'affaiblit, souffre souvent, est sans doute malheureuse. Les médecins ne disent rien, sauf qu'ils ne peuvent autre chose.

Restez là, pas loin, cher Philippe, je vous embrasse

Roland

［写在一张抬头为 EPHE[1] 的卡片背面］

周五

谢谢，菲利普，您说了该说的话。我无法描述自己的情况。

她身体不太好，一天天衰弱，常常忍受着病痛，很不幸。医生们除了表示无能为力外，什么也没说。

您陪着我，别离我太远，亲爱的菲利普，吻您

罗兰

1 École pratique des hautes études（高等研究实践学院）的缩写。

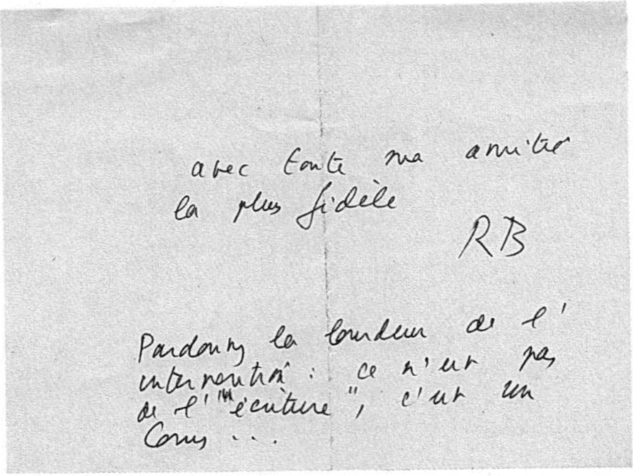
avec toute ma amitié
la plus fidèle

RB

Pardonnez la lourdeur de l'
intervention : ce n'est pas
de l'"écriture", c'est un
cours...

致以我最忠诚的友爱[1]

RB

请原谅这封信的厚重，这不是“写作”，是我上课的内容……

1 这封 1976 年的短信，后面附有上课的讲稿。——原注

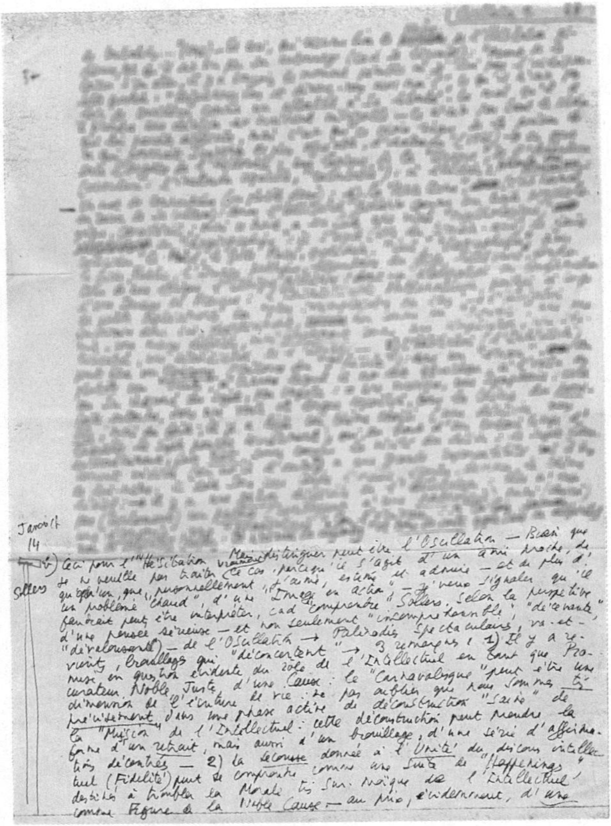

Janvier 14

Sollers

2) Ceci pour l'"Hésitation" Mais distinguer peut-être l'Oscillation — Bien que je ne veuille pas traiter ce cas, parce qu'il s'agit d'un ami proche, de quelqu'un, que, personnellement, j'aime, estime et admire — et de plus d'un problème "chaud", d'une "Image en action" — je veux signaler qu'il faudrait peut-être interpréter, c.à.d. "comprendre" Sollers, selon la perspective d'une pensée sérieuse — et non seulement "incompréhensible", "déconcertante", "dévalorisante") — de l'Oscillation → Palinodies spectaculaires, va-et-vient, brouillage qui "déconcertent" → 3 remarques : 1) Il y a remise en question évidente du rôle de l'Intellectuel en tant que Procurateur Noble, Juste, d'une Cause : le "Carnavalesque" peut être une dimension de l'écriture de vie : ne pas oublier que nous sommes très précisément dans une phase active de déconstruction "serio" de la "Mission" de l'Intellectuel : cette déconstruction peut prendre la forme d'un retrait, mais aussi d'un brouillage, d'une série d'affirmations déconcertées — 2) la secousse donnée à l'Unité du discours intellectuel (Fidélité) peut se comprendre comme une suite de "Happenings" destinés à troubler la Morale très surmoïque de l'Intellectuel comme Figure de la Noble Cause — au prix, évidemment, d'une

波动 2[1]，第 89 页

[……] b）这关乎“**犹豫**”（Hésitation）。但不同于波动（Oscillation）——尽管我不愿深入讨论该问题，因为索莱尔斯是我关系很好的朋友，就个人层面而言，他是我喜爱、尊重和赞赏的人——此外，还因为这是“热点”问题，是“活动的**意象**”——我想指出，我们可能要根据一种严肃的思想去解释，也就是说，“理解”索莱尔斯，而不是仅仅认为他的思想“无法理解”、“站不住脚”、“一文不值”）——这就是**波动**→戏剧性的翻案诗（palinodies），反复不定，“令人困惑的”扰乱→三点：1）**知识分子**作为某项事业**高尚而正义的代理人**的角色存在明显的问题：“**狂欢**”（Carnivalesque）可以是生命写作的一个方面：不要忘了我们正是处在一个“健康”解构知识分子“**使命**”的活跃阶段：该解构可以是以一种撤退的形式，但也可以是以一种干扰、一系列偏离中心的肯定的形式——2）对知识分子话语（**真确性**）之统一性的震动可以被理解成一系列“**偶然事件**”（Happenings），其目的在于模糊作为**高尚事业代表者**的**知识分子**的超我道德——显然，其代价是一种

1　1978 年 5 月 6 日在法兰西公学院所作关于“中性”的讲座（参见《中性：法兰西公学院讲座与研讨班》[*Le Neutre. Cours et séminaires au Collège de France*]，Paris：Seuil，2002）。——原注

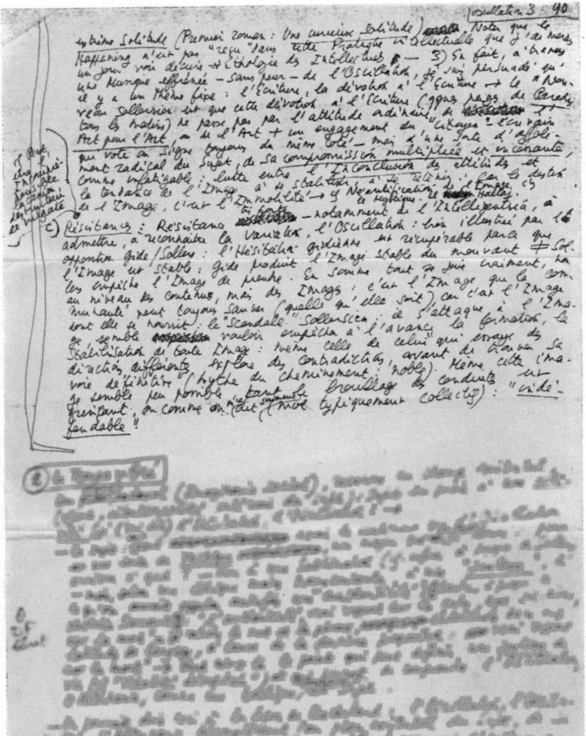

Oscillation 3 40

extrême Solitude (Premier roman : Une curieuse solitude) Notez que le
Happening n'est pas "reçu" dans cette Pratique intellectuelle que j'ai menée
un jour voir décrire → l'Éthologie des Intellectuels — 3) En fait, à travers
une Marque effrénée – sans peur – de l'Oscillation, je suis persuadé qu'
il y a un thème fixe : l'Écriture, la dévotion à l'Écriture → le "Nou-
veau Sollersien est que cette dévotion à l'Écriture (quelques pages de Paradis
tous les matins) ne passe pas par l'attitude ordinaire de l'
Art pour l'Art, ou de l'Art + un engagement du "citoyen"-écrivain
qui vote au Signe toujours du même côté – mais d'une sorte d'affole-
ment radical du Sujet, de sa compromission multipliée et incessante,
comme infatigable ; lutte entre l'Inconclusion des attitudes et
la tendance de l'Image à se stabiliser, à se retenir ; car le destin
de l'Image, c'est l'Immobilité → cf Néantification de l'Image, cf la mystique. Hallaj.

cf Peut-être l'incapacité sociale à accepter l'intertextualité ou vulgate

c) Résistances : Résistance très forte — notamment de l'Intelligentsia, à
admettre, à reconnaître la Variation, l'Oscillation : bien illustrée par l'
opposition Gide/Sollers : l'Hésitation gidienne est récupérable parce que
l'Image est stable : Gide produit l'Image stable du mouvant ≠ Sol-
lers empêche l'Image de prendre. En somme tout se joue vraiment, non
au niveau des contenus, mais des Images : c'est l'Image que la com-
munauté peut toujours sauver (quelle qu'elle soit) car c'est l'Image
dont elle se nourrit : le "scandale" sollersien : il s'attaque à l'Ima-
ge, semble vouloir empêcher à l'avance la formation, la
stabilisation de toute Image : même celle de celui "qui essaye des
directions différentes, explore des contradictions, avant de trouver sa
voie définitive" (mythe du cheminement noble). Même cette Ima-
ge semble peu possible tant le brouillage des conduites est
grésillant, ou comme on l'a dit (mot typiquement collectif) : "indé-
fendable" !!

波动 3，第 90 页

极大的孤独（第一部小说：《一种奇异的孤独》[*Une curieuse solitude*][1]）。注意，在我希望有一天能看到的被描述为**知识分子行为学**（Éthologie des Intellectuels）的那种知识**实践**中，**偶然事件**是不“被接受的”——3）事实上，通过一种——不惧**波动**的——无度的**音乐**，我确信，索莱尔斯有一个确定的主题：**写作**和对**写作**的虔诚→索莱尔斯的**创新**就是这种对**写作**的虔诚（每天早上写几页《天堂》[*Paradis*][2]），这种虔诚常常不被视作为艺术而艺术的一般态度，或**艺术**＋对“公民”-作家（总站在同一边投票或签名）的某项承诺的一般态度——而是此主题中某种极度恐慌的一般态度，其似乎不知疲倦不断倍增之妥协的一般态度：诸多受打击之态度的非确定性（Inconclusion）和趋于稳定、持留之**意象**的态势之间的斗争：因为**意象**的命运是**不朽**（Immortalité）→参考**神秘主义者**哈拉智（El Hallaj）[3] 的**意象的湮灭**（Néantification de l'Image）。[页边附言：]或许还可参考拉康的**无可理解**（Incompréhensible），拉丁语《圣经》（vulgate）的摧毁者。

c）抵制：强烈抵制——尤其是**知识界**——对变动、**波动**的接受、承认：纪德 / 索莱尔斯的对比就是很好的说明：纪德式犹豫得到宽容，因为意象稳定：纪德制造稳定的运动意象≠索莱尔斯阻止**意象**扎根。总之，一切都出现于**意象**层面，而非内容层面：社会群体一直想保全的就是**意象**（无论它是哪种**意象**），因为**意象**是其生命食粮：索莱尔斯引起的“公愤”：他抨击**意象**，他似乎想提前阻止任何**意象**的形成和稳定：甚至“在找到其真正的道路之前，尝试不同方向，探索诸种矛盾的”人的**意象**（行进的神话：高尚）。甚至这个意象看起来也没什么可能，因为不同类型的行为的扰乱是如此痛苦，或者，正如我常被告知的那样（这是典型的集体弊病）：“站不住脚”（indéfendable）。

1 《一种奇异的孤独》(Paris：Seuil，1958)是索莱尔斯的第一部小说。

2 《天堂》(Paris：Seuil，1981)也是索莱尔斯的小说。

3 此处指的应该是波斯神秘主义者、诗人和苏菲派导师曼苏尔·哈拉智(Mansur al-Hallaj，约 858—922)。

COLLÈGE
DE
FRANCE

CHAIRE DE SÉMIOLOGIE LITTÉRAIRE

Paris, le 1 Août 78

Mon cher Philippe,

Comment allez vous ? Nous nous
sommes peu vus et vous me man-
quez. Pour moi, je ne sais plus
très bien, depuis la mort de
maman (je relis Proust et
j'y prends le courage de dire
"maman" et non "ma mère"),
où je me tiens ; je suis allé
un peu au Maroc mais j'
ai tout de suite envie de
"rentrer" ; où ? hélas, elle
n'est plus là pour que je
sache où rentrer. Mais il
me semble que c'est à

1978 年 8 月 1 日

亲爱的菲利普，

您最近好吗？我们没怎么见面了，我很想您。对我而言，妈妈（我又读了普鲁斯特，终于获得了说“妈妈”的勇气，而不是说“我的母亲”）去世后，我不再知道自己身在何处；我要去摩洛哥待一阵子，但我还没走就已经想“回家”了；回哪里呢？唉，她不在了，我不知道要回哪里。但好像我在

Paris que je suis le moins mal ;
aussi j'irai peu à Urt cet
été. Si vous passez ou êtes
à Paris, j'y suis — ou
y serai — avec quelques trous
menus, du 3 au 7 et
autour du 25 Août. Soyez
gentil alors de me faire signe
j'ai plein de soirées libres
(j'ai changé de téléphone : c'
était devenu <u>intenable</u> ; c'
est maintenant : 325.70.35 :
Top, top secret). Dernière chose :
le Seuil va publier ma Leçon
inaugurale ; j'aurais voulu vous
en parler, car peut être l'au-
riez-vous voulue ? J'ai pensé
(mais sans aucune certitude) que
pour marquer le caractère contin-
gent de cet exercice, il valait
mieux la laisser courir hors
collection. Mais vous savez que
tous mes <u>vrais</u> livres vous

appartiennent. Je vous embrasse tous deux.
Votre ami
Roland !

巴黎会最不痛苦；我夏天也不怎么会去于尔了。如果您经过或待在巴黎，我就在这里——或者说，我会过来，不过，8 月 3—7 日和 25 日前后，我不在巴黎。如果您能知会我一声就再好不过了，我有大把空闲的夜晚时间（我换电话号码了，它变得无法承受，现在的号码是 325.70.35，一定、务必保密）。最后一件事：Seuil 要出版我的就职讲稿[1]。我想和您谈谈这件事，您同意吗？我想（但完全不确定）为了突出这份讲稿琐碎的特点，还是作为文集发行比较好。但您知道我所有真正的书

[左侧纵向：]

都属于您。吻你俩。

您的朋友

罗兰

1 巴特，《讲座：法兰西公学院文学符号学教授就职讲稿，宣读于 1977 年 1 月 7 日》（*Lecçon: leçon inaugurale de la Chaire de sémiologie littéraire du Collége de France, prononcée le 7 janvier 1977*），Paris：Seuil，1978。

MINISTÈRE DE L'ÉDUCATION NATIONALE

ÉCOLE PRATIQUE DES HAUTES ÉTUDES
VIe SECTION - SCIENCES ÉCONOMIQUES ET SOCIALES
SORBONNE

54, RUE DE VARENNE, 75007 PARIS
TÉL. : 222.68.20

PARIS, LE 27 Nov 19

Mon cher Philippe,

voici ce texte quelque peu démodé. Je vous prie d'excuser le mss ; sur épreuves, c'est plus supportable, mais il faut que je les rende, et il ne reste que ce double, très "laborieux". — Je pars 3 jours pour la Suisse. On se verra d'une manière ou d'une autre, la semaine prochaine. — Merci de lire cela.

Toute mon amitié

RB

11 月 27 日

亲爱的菲利普，

这篇文章[1]相当过时。请原谅我凌乱的手稿；看校样还好些，但我得把校样还回去，只剩下这个副本，看起来很“费劲”——我要去瑞士待三天。我们下周无论如何都要见面——感谢您读我的信。

致以我全部的友爱
RB

1 可能是 1978 年 5 月 6 日上课的讲稿，修订后收入《作家索莱尔斯》(《作品全集》，第五卷，pp.619-620)。——原注

5 Mars 79

Mon cher Philippe,

la préface aux Graffiti, non ce n'est pas possible : 1) parce que je viens d'en faire une à un livre para-porno de Renaud Camus et que je ne désire pas devenir le spécialiste de ce genre d'opérations ; 2) parce que du 15 Mars au 1er Déc, je me suis mis, vous le savez, en congé absolu de textes, préfaces, colloques, radios, etc : bref en congé d'"image" (autant que faire se peut) : je ne puis sans détresse <u>funèbre</u> envisager de passer le restant de ma vie à faire des préfaces ; il m'en arrive une demande tous les 2 jours. Voilà. Voulez vous leur expliquer cela ? En hâte, je vous dis mon affection, mon désir de dîner bientôt avec vous, cher Philippe

RB

1979 年 3 月 5 日

亲爱的菲利普，

《涂鸦》（*Graffti*）[1] 的序言，我不可能写：1）因为我刚刚给雷诺·加缪的淫书（近乎如此）写了序 [2]，我不想成为干这种活的专家；2）因为从 3 月 15 日到 12 月 1 日，您知道的，我要暂停一切文章、序言、研讨班、广播等，总之，暂停“意象”（尽可能实现）：没有了丧事之痛，我不会想今后以作序为生；每两天就有人请求我帮他写序。就是这样。您想跟他们解释这些吗？没时间多说了，致以我对您的友爱，我想很快能约您一起吃晚餐，亲爱的菲利普

RB

1 厄内斯特 - 厄内斯特（Ernest-Ernest），《性与涂鸦》（*Sexe & Graffiti*），Paris：A. Moreau，1979。——原注

2 此处指的应该是巴特为法国作家、政治活动家雷诺·加缪（Renaud Camus，1946— ）的著作《诡计》（*Tricks*，Paris：P.O.L，1988）写序的事。

COLLÈGE
DE
FRANCE

CHAIRE DE SÉMIOLOGIE LITTÉRAIRE

Paris, le lundi

Cher Philippe,

J'ai retrouvé ce matin sur ma table "l'objet" et cela m'a fait plaisir : le plaisir d'un livre, d'un texte, d'un "objet" et d'un ami. J'ai hâte d'entendre la cassette. Tout cela, je le sais à l'avance, fait bouger la littérature, sans la perdre. Merci. Je vous embrasse

RB

周一[1]

亲爱的菲利普，

今早在桌子上找到“物品”，我很开心：为一本书、一篇文章、一样“物品”和一位朋友而开心。我已经迫不及待想要听磁带[2]。我早就知道，这一切推动了文学的发展，而不是将它摧毁。

谢谢。吻您

RB

1　1979 年 4 月。——原注

2　索莱尔斯，《莎士比亚的第二人生——天堂》(*La Seconde Vie de Shakespeare – Paradis*)，Cercles，coll. Sontexte，1979 年 4 月 8 日。——原注

Vendredi

Cher Philippe,

Vos mots sont toujours décisifs pour moi parce qu'ils m'aident à travailler. Ce que vous me dites, d'un signe, du texte que j'appelle "Vaine Soirée" sera peut être le déclic qui va me faire sortir du marasme de projet où je me trouve depuis 6 semaines. Nous en parlerons puisque nous nous voyons Dimanche (20h au Select). Pouvez vous penser à me rendre, 48 heures, mon texte, je voudrais qques menues modifications.

Merci, Philippe,

votre ami

Roland

Nous travaillons maintenant sans filet. Combien est précieux l'ami qui du bas nous regarde, nous suit et tient la corde du trapèze.

周五

亲爱的菲利普，

您的话对我而言一直都至关重要，因为它们有助于我工作。关于一个符号、关于我称为“空虚的夜晚”的文本[1]，您对我说的话可能将会是让我走出消沉的开关，六周以来我都因为手头的计划而颓丧。既然周日我们就要见面了（晚上 8 点在精选咖啡馆），那就到时再议吧。您能记得把我的文本《四十八小时》（*48 heures*）还给我吗？我想进行一些小小的修改。

谢谢，菲利普，
您的朋友
罗兰

我们现在就像在高空走钢索。能从下面看着我们、跟着我们、为我们握住安全绳的朋友是多么珍贵。

---

1 “空虚的夜晚”(Vaine soirée)是文章《慎议》(Délibération)的第一部分，发表于《原样》，第 82 期，1979 年冬(《作品全集》，第五卷，pp.676-681)。——原注

URT
64240 HASPARREN

Lundi 13 Août

Cher Philippe,

Je n'oublie pas la liste pour Tel Quel. J'y ai pensé souvent, sans succès. Finalement j'essaye de faire qque chose sur "Tenir un Journal". Cela va être fini, mais je ne sais si cela pourra aller.

Si vous rentrez à Paris, comme moi (j'y repars cet après-midi), faites-moi signe (325.70.35); de toutes manières, cela me ferait un vrai et nécessaire plaisir de vous voir.

Votre ami

Roland

8月13日周一

亲爱的菲利普，

我没有忘记要给《原样》的文章[1]。我时时想着，只是没有什么成果。最后，我尝试写一些关于“记日记”（Tenir un Journal）的东西。马上就写完了，不过我不知道能不能行。如果您和我一样回巴黎了（我今天下午就回去），跟我说一声（325.70.35）；总之，与您相见带给我一种真实又必要的快乐。

您的朋友
罗兰

1 《慎议》，参见本书第173页注释。——原注

附录

中国行

1974 年 4 月 11 日，我们的小型代表团抵达北京［……］。可怜的巴特！他五十九岁，这趟中国行我有点勉强他了，他正处于伊壁鸠鲁式和纪德式阶段，他很喜欢在日本的自由，与任何细微差别都截然相反，现在他坠入了完全的混乱。狡猾的拉康，他因为被在巴黎的中国人视为“《原样》的老将”而恼火（然而“老将”是一种尊称，是想说拉康走过了一场**长征**，对于巴特也是一样，在自己的国家不断遭到批评），在最后一刻说不来了，找借口说他当时的情妇没有拿到签证。［……］但最终，我想办法拿到了签证。

老将巴特情绪不高，不过他的《笔记》（*Carnets*）[1]

---

1 巴特，《中国旅行笔记》（*Carnets du voyage en Chine*），Paris：Christian Bourgois，2009。中译本（怀宇译，书名译为“中国行日记”）由中国人民大学出版社于 2011 年出版。

证明，他从头到尾都忍着没有发作，刚到就烦得要死，关于枯燥乏味的工厂参观，笔记写得洋洋洒洒，“陈词滥调砌成的水泥块”令他厌倦，他将其称作话语的“砖块”［……］。他偏头痛，睡得不好，他受够了，精疲力竭，有时他拒绝下车观看壮观的雕塑。他还发现我越来越令人讨厌，因为我很是享受下中国象棋，和中学生打乒乓球，随便开当地的拖拉机，或者和进修过的哲学教授讨论得热火朝天。此次中国行我受到很多责难，这很正常。事实上，我在北京骑了很多次自行车，一边骑，一边不停地试着想象四十年后（也就是如今）的中国会变成什么样［……］。

在火车上他不看窗外的美景，他在读什么书呢？《布瓦尔和佩库歇》（*Bouvard et Pécuchet*）[1]。我呢，在读道家经典。除了书法，没有一刻他看起来对［……］

1　福楼拜未完成的一部长篇小说。

这已有几千年历史的语言和文化有所关注。宣传让他厌烦。他觉得人民“很可爱”，但没有任何个人交流，这让他极为不安。交流？面对那些看你像看异国动物，像看从其他星球来的“长鼻子”的人（在上海外滩，有天晚上至少有八百个人跟着我们），这不可能。[……]没有一点可能找到一位交谈者：“我旁边的这个中国男孩是谁？他白天做什么？他的房间是什么样的？他在想什么？［……］干净的白色小衣领，纤细的手，长长的指甲……”在鬼斧神工的龙门石窟前，他赌气，什么也不看，以一种荒唐的方式记笔记［……］。

的确，在剧院（令人烦躁，除了女子杂技表演），［……］巴特直勾勾盯着坐在他旁边的一位面无表情的中国青年［……］。本来换幕或许会有点儿新意，但他并不怎么期待，不知道为什么只想赶快回机场。他还说了傻话，比如惊恐地尖叫道：“很明显，这个国家的女孩太多了。到处都是。”太多女孩，太多儿童。

中国女人不在巴特的议程之中，不过这场女人潮，“半边天”，是最令人印象深刻的事件。巴特看到茱莉娅·克里斯蒂娃正在写这个问题会不会感到不快呢？她归来时，《中国女人》（*Des Chinoises*）[1]引发了好几场争论，而此书近期才在中国出版。在这一潜在的发展中，巴特只看出了“母权制”（matriarcat）、“幼稚化”（infantilisation）、“幼稚化儿童文明”（civilisation d'enfants infantilisés）。再次路过北京时，他说：“购物使我重生。”我们明白他突然如释重负。

事实上，这位《神话学》的作者长期以来被大学视为思想的恐怖分子，他首先是脆弱的，这在他感人至深的《哀痛日记》中也有所揭示，这本书是献给他过世的母亲的。然而，真实的、伟大的巴特并不在这些草稿和卡片中，而是在他出色的、精心撰写的书中。

---

1 克里斯蒂娃，《中国女人》（*Des Chinoises*），Paris：des femmes，1974。中译本（赵靓译，书名译为“中国妇女”）由同济大学出版社于2010年出版。

《符号帝国》或《明室》。真想不到我们的关系并没有在这次不同于期望的中国行之后变得不和睦！去读读《作家索莱尔斯》吧。

《新观察家》

2009 年 1 月 29 日

巴特的反法西斯主义

我要赞颂罗兰·巴特的政治性。这更为政治化，因为我们处在这个曾被称为法兰西的国家的动荡之中，因为这个国家处于高度腐烂的状态，在这里，我们可以清楚地看到过去的轮廓，过去并未过去，过去以一种应该称之为法西斯主义的形式卷土重来。巴特是我认识的很早就本能地——一定要强调这种天性——明白了法国法西斯现象的唯一法国作家。如果我们不借助巴特的政治，就别指望能理解各种极权主义形式下发生了什么［……］。他很年轻的时候就有一种意识，我们可以通过一个例子来证明这一点。在路易大帝中学时，他组建了一个小团体。那是1934年，他十九岁，法西斯分子暴乱的一年。他立即开始抵制，和几个中学同学一起组建了反法西斯主义小组。十九岁，这很难得。但他的小团体当时还远不能理解法西斯团体的一些东西,这些东西让他深感恶心。说到“法西斯团体”,看看我们常在新闻上看到的就够了，重新发展起来的无比野蛮的民粹主义，在这个从未被真正分析过的基础之上，在这个一直被其他人告诉我们的话掩盖的基础之上重新发展起来。

团体，因为巴特不得不很早就与疾病（结核病）一起生活了，所以这于他有一定距离。另一方面，他对文学和语言有极大的兴趣。因此，想知道该如何理解巴特的政治，就要努力看到纪念活动之外的东西，即便纪念是正当的。起初是纪德，后来是语言。有一个非常认真的团体察觉到了社会在撒谎。所以我们将系统地、非常理性地研究——巴特是位启蒙运动新教徒（un protestant des Lumières）——上述社会重新出现的方式。这催生了几部主要的作品，比如，《写作的零度》和《神话学》。对皮埃尔神甫的描写是杰作。

《她》因为星座运势的内容被描绘成一个完全有趣的杂志。巴特很细心，他收集了很多资料。这是高阶社会学，与我们今天在乱七八糟的报纸上读到的评论文章完全无关。这也是对流行体系的一种视见。社会如何将它的谎言掩藏在这流行的浪潮里？这完全是后来被称作“景观社会”（société du spectacle）的东西的先驱，即使德波没有谈及巴特，甚至对他有所怀疑，甚至可能没有真正读过他。但从政治角度来说，巴特是把社会作为景观来思考的第一人。一种永久性的谎言景观，显然，金钱时时刻刻在这景观中流动。千万不要忘了巴特在某种程度上曾是布莱希特主义者和马克思主义者。我们常常谈论马克思，觉得我们是这个六边形国家[1]里一群孤单的个体，阿尔都塞试着指出人们从来不读马克思，尤其是共产主义者——就像天主

---

1 法国被称为六边形国家：其与大西洋、地中海构成三条边，与西班牙接壤构成一条边，与阿尔卑斯山和莱茵河构成一条边，与比利时、卢森堡和德国接壤构成一条边。

教徒不读《圣经》一样。

因此，巴特是无情分析**景观**的先驱，这一点非常具有政治性。我认为，今日，他可能会重写《神话学》。形象（portraits），政治以形象的方式呈现，电视机以形象的方式运行，周而复始。信息以形象的方式输送……我们处于另一个时代了。巴特书写的时代还是一个沉重的时代，一个我们可以指责社会主义现实主义（le réalisme socialiste）的时代。巴特的有趣之处在于他的批评充满对未来的某种期望，他的批评从来不是意识形态上的。那是萨特的角色，再读一读刚刚再版的《情境种种》就够了。巴特的书中丝毫没有这一点，这是他伟大的独特之处。每个人从年轻时起就被勒令站在一边或另一边，苏联或法西斯主义。这使得整个格局四分五裂。巴特，他从来不属于我们今天所说的社会集合的任何一边。他越来越被独特性吸引，去听人们怎么说话、怎么反应，常常是不经思考的反应，所有人的思想如何被人云亦云侵占。“人云亦云主义”（clichisme）就是敌人。如今，我们看到，他于 1980 年去世后，就没有什么关于政治的新言论了。

他曾有个绝妙的发明，他参照巴别塔将它称为“絮语”。但巴别塔是《圣经》的伟大神话。“絮语”则是另外一回事：巴特深受喋喋不休的困扰。他总是慷慨地倾听，他回信，但是他忍受不了“絮语”。我敢担保，我和他共进晚餐不是为了讲“絮语”。有两个人，我与他们的联系在我看来似乎不同寻常，和他们交谈是真的想说些东西，那就是巴特和拉康。说不定也可以写一篇拉康的政治了。这一切似乎太久远了。完全不是。他们与那些有名的、流行的、并不是真正对政治感兴趣的知识分子形成了差距。他们感兴趣的是政治意识形态，这完全不相关。政治，是现今具体的处世之道。对于社会，我们应该保持距离，间离效果。这是巴特看待一切事物、一切人的核心。他为今天这个暴力、无知、狂热、文盲激增的时代打造了一个了不起的公式。他惊愕地看到人们能多么迅速地丢弃整个图书馆、拉丁语、希腊语、伏尔泰，这一切引发了无知者极度的狂妄自大。他将其称为“迷失者的骄傲”（l’arrogance des paumés），一种大大的不幸，但的确如此。当然，迷失者的骄傲存在于他的时代，但是必须为反对沉重的、集体主义的体系而斗争。我们应该留着法西斯主义这个词，不然就有点混乱了。过去有法西斯主义的法西斯主义（fascisme fasciste）［……］。我不知道巴特对此会怎么说，毕竟不能让已故之人开口说话，尽管巴特对我来说从未逝去，音容犹存。

既然讨论法西斯主义，我们就不能忽视了他的话，这句话引起了非常多的评论：“语言就是法西斯主义。”这个宣言非常惊人，使我惊讶不已。语言这个现象本身就是强迫说话。这一点也很政治，我们很久以前就进入了一个监视的社会，这让巴特思考良多。我们可能因为被迫说话这件事而深受干扰。他总是处在这种强迫关系前，强迫有观点，强迫站在这边或那边。他深爱隐藏、退避。从政治上说，意识形态能够控制任何表达方式，我们又回到了这样的控制之下。巴特，即使让我不留情面地说，他也不是个极端的开拓者。卡夫卡以一种巴特做不到的极端方式说："真相不会摧毁任何东西，只摧毁那些被摧毁的。"巴特很强烈地感觉到了这一点，他对此很敏感，就像他对于死的问题那样敏感。母亲的过世是一场灾难，《哀痛日记》感人至深。假如巴特的母亲知道他是同性恋，可能发生的悲剧会加剧这一切。这就是我们可以称之为巴特的某种政治局限的东西。恰恰相反，这并不意味着巴特应该激进，因为人们常常责备他为同性恋战斗的积极性。巴特并没有这样看待自己的同性恋取向，他的恋爱总是带有一种欲望得不到满足的意味。而这是个政治问题，我们正因全民婚姻、辅助生育等而身陷其中。对此，他有什么想说的呢？我不知道，但我知道他一定对当今社会撒谎的方式很感兴趣，通过传播模糊信息的手段来撒谎的方式。

由若斯亚娜·萨维诺（Josyane Savigneau）整理

《世界报》，

“罗兰·巴特，出乎意料”，特刊，2015